# 椰殼碗外
## 的人生

班納迪克·安德森 著

李宛蓉 譯

Benedict
Anderson

A
LIFE
BEYOND
BOUNDARIES

目　次 ————————————————————————

# 導言

　　這本書的起源不太尋常，我希望因此能勾起英文版讀者的好奇心。緣起是二○○三年前後，日本 NTT 出版株式會社的優秀編輯遠藤千穗小姐偶然讀到拙作的早期日文譯本，特別是《想像的共同體》（*Imagined Communities*）一書。她感到日本的年輕學子很不了解，是什麼樣的社會、政治、文化與時代背景，孕育、教育並養成了盎格魯‧薩克遜裔的學者。坊間有很多關於「西方」政治家、藝術家、將軍、商人、小說家的傳記和自傳，卻少有關於西方學者的書籍。遠藤小姐有個想法，她想出版一本小書，講述我在愛爾蘭和英國受教育以及在美國的學術研究經驗，在印尼、暹羅和菲律賓從事田野調查（fieldwork），另外納入我對西方大學的一些反思，也談談自己最喜歡的書籍。然而我不懂日文，這該怎麼辦？她明白必須說服我撰寫某種形式簡單的英文文本，問題是要找一位通曉英文的傑出日本學者，對方必須是我的好友，而

且願意幫忙翻譯。

　　一九六七年，加藤剛來到康乃爾大學（Cornell University）攻讀社會學和人類學，那一年我才拿到博士學位（博士論文的主題是第二次世界大戰期間日本佔領爪哇，以及隨之而來的印尼民族革命），成為非常資淺的政治學系教授。由於加藤剛決定要去印尼的蘇門答臘西部田野調查，系上指派三位指導老師給他，而我是其中之一。我們很快成為好友，他那迷人的狡黠幽默感功不可沒。加藤剛的學術英語和印尼語都學得很快，他在完成原創性十足的博士論文之後返回日本，任教於東京耶穌會創辦的「國際」大學，之後轉到京都大學任職，該校是日本研究東南亞的學術中心，加藤成為非常優秀的教師。我們兩人經常在那裡見面，友誼堅實更甚以往。

　　加藤告訴我，他認為遠藤小姐的整體構想是好的，他也已經想出一套合用的系統化辦法，就等我點頭同意。加藤說有太多日本學生和老師之所以不了解外國學術界，原因是自身的英語、法語、華語等外語能力不足。此外，日本教授多半對學生採取家長管教子弟的態度，使得年輕人不必要的心生膽怯。

對此提議，我的直覺反應是尷尬地予以拒絕。西方的教授鮮少擁有精彩的人生，他們的價值觀是客觀、嚴肅、拘謹、低調——至少表面上如此。加藤回答說，我以前在愛爾蘭、英國、美國受教育，而我的田野調查廣及印尼、暹羅和菲律賓。此外，儘管在美國教書，可是我的眼界與許多美國社會科學家大不相同——這一切都有助日本學生以實用的比較形式來思考。他盼望我們兩人能攜手合作，由我根據遠藤小姐和他自己所擬定的方針來撰寫一份草稿，然後由他翻譯我所寫的文稿。加藤每個月會來我家，詢問難以理解的段落，更正所有錯誤，將改寫的段落交給我看，並教導我關於日本教育的知識。

最後我投降了，因為加藤是我非常要好的朋友，他那麼努力促成此事，而且是唯一能夠執行這項計畫的日本學者。我默默安慰自己，至少這本書出版後我永遠不會讀到，而是以一種遠距方式直接和日本學生聊天。二〇〇九年，這本書出版了，風格極為優雅，遠藤小姐和加藤都很高興。

打從一開始，舍弟就敦促我出版這本書的英文

版，每次我都拒絕了。可是到了二〇一五年，因為好幾項原因使我改變主意，其中很重要的一個因素是隔年我就要八十歲了。從二〇〇九年退休以來，我一直在做的事和自己的「職業」沒什麼關聯，包括研究傑出泰國電影導演的《暹羅鄉間地獄的衰敗》（*The Decay of Rural Hell in Siam*），研究民俗在菲律賓革命中扮演的角色，以及研究廣告的意義如何更迭等等。此外我也翻譯了多項作品，還打算替一位偉大的華裔印尼新聞記者兼歷史學者寫傳記。這一切都和日本教育的關係不大，但也有例外，那就是英國、美國、歐洲和其他地方的大學江河日下，更別說整個世界都陷入可悲的境地。

至於「英文」的問題，書中所有的錯誤、書寫形式、記憶缺漏、傻話，偶有愚蠢的笑話，我都必須負全責。


因此這本頗為散漫的書有兩個主題：第一，為個人與為社會翻譯是一件很重要的事；第二，自大的地方主義或忘記認真實踐的民族主義和國際主義密不可分，都是危險的事。

Shifting Youth

# 一、漂泊的年少時光

一九三六年八月二十六日，我在雲南昆明出生，時值日本對中國北方發動大規模侵略的前夕，短短三年之後，歐洲便爆發了第二次世界大戰。一九四一年夏天，就在我快滿五週歲的時候，生病的父親決定帶全家人取道美國返回維持中立的愛爾蘭。

然而我們搭乘的船在舊金山碼頭靠岸後，父親才明白當時大西洋上潛水艇交戰頻繁，根本沒辦法回老家。於是我們只好待在加州，後來又遷到科羅拉多州（Colorado），直到納粹德國戰敗為止。一九四五年夏天，我們搭船前往愛爾蘭，船上依然擠滿了遠赴歐洲戰場的美國士兵。那時候我已經快滿九歲，隔年父親不幸去世，但是英國籍的母親卻決定全家人要繼續待在愛爾蘭。

我就讀小學、中學、學院的那些年適逢冷戰時期，一度無比遼闊的大英帝國也在那段期間迅速崩解。就我的記憶所及，當時冷戰對我的影響並不大，但假如我不是幸運住在愛爾蘭，恐怕十八歲那年（一九五四年）就會被徵召入伍，前去馬來西亞、肯亞或塞浦路斯為垂死的帝國奮戰，結果搞不好就戰死或重傷了。

我的成長歲月也在電視機問世之前，不過我們倒是經常收聽廣播節目——廣播這個媒介可以讓人一邊做家事、做功課、玩牌、下棋，一邊收聽節目作為娛樂。夜裡我們往往轉到英國國家廣播公司（BBC）的頻道，聽非常傑出的演員高聲朗讀小說巨作，這些節目像連續劇那樣逐集播放，我們的腦中因此充滿對小說人物的想像，譬如安娜‧卡列尼娜（Anna Karenina）、基督山伯爵（Count of Monte Cristo）、吉姆爺（Lord Jim）、烏利亞‧希普（Uriah Heep）[1]、黛絲姑娘（Tess of the D'Urbervilles）等等。

巡演劇團對我們也非常重要。愛爾蘭到處都是優秀的劇場演員，我們不僅能欣賞許多莎士比亞的戲劇（這些劇本後來才被拿來當教科書），也有世界知名的愛爾蘭劇作家撰寫的戲劇，像是蕭伯納（George Bernard Shaw）、王爾德（Oscar Wilde）、謝里丹（Richard Brinsley Sheridan）、奧凱西（Seán O'Casey）等人。那時候美國大眾文化剛開始抵達愛

---

1.　譯注：狄更斯小說《塊肉餘生錄》（*David Copperfield*）裡的反派角色。

爾蘭，本地電影院會放映西部片和迪士尼卡通片。

原本這一切可能不會如此演變——假如父親當初因為太平洋戰爭而延後離開中國，最終我們可能都會被關進日軍收容營，也許就死在那裡了。假如父親不是愛爾蘭籍，我可能會在英國長大，然後為了大英帝國去海外參戰。假如我晚一點才出生，可能會沉迷於電視，以致懶得去本地劇院看戲。

我的父母親是了不起的家長，慈愛寬厚，為人風趣，我和弟弟羅瑞〔Rory，如今又以培利（Perry）之名著稱[2]〕、小妹美蘭妮（Melanie）都深愛他們；可以說我們兄妹非常幸運擁有這樣的雙親。

父親的大名是謝莫斯·詹姆斯·奧格曼·安德森（Seamus James O'Gorman Anderson），他的父母都系出名門。祖母的父系祖先是愛爾蘭人，這從她的娘家姓氏奧格曼（O'Gorman）就看得出來，這個家族有投身政治激進行動的悠久歷史，主要是對抗愛爾蘭境內的英格蘭帝國主義和殖民主義。一七九八年發生了愛爾蘭起義（United Irishmen rebellion），這是受到法國大革命鼓舞所激發的行動，奧格曼家族的一對兄弟，也就是我的外高祖父和外高叔祖父都參與了，

而行動的回報是兩兄弟都進了監獄，在牢裡待了一段時間。一八二〇年代，兄弟倆都成為奧康諾（Daniel O'Connell）所創立的「天主教協會」（Catholic Association）的重要成員。「天主教協會」的奮鬥宗旨是，終結百年來社會上佔多數的愛爾蘭天主教徒所遭受的法律、政治、經濟歧視。他們的一個姪子參加一八四八年的叛亂，當時正處在「愛爾蘭馬鈴薯飢荒」水深火熱之際；叛亂失敗之後，這個姪子逃到巴黎，又轉往伊斯坦堡，後來移民美國，最終成為紐約州最高法院的一員。

我父親的外祖父波賽爾・奧格曼少校（Major Purcell O'Gorman）在一八七四年獲選為下議院（House of Commons）的議員，選區位在小城瓦特福（Waterford），他還成為巴奈爾（Charles Parnell）所領導的愛爾蘭自治運動（Home Rule for Ireland bloc）旗下重要的角色（據說他的體重達三百多磅，

---

2.　編注：Perry Anderson，英國馬克思主義歷史學家、新左派理論家和政論家。

是議會裡最胖的人），可是他卻娶了一個信奉新教的英格蘭女子。當時社會對異教婚姻還頗為寬容，只是不久之後教宗庇護九世（Pope Pius IX）即位，風氣為之一變。在社會風氣比較寬容的年代，本地法規對於異教徒結婚的問題有個通情達理的解決辦法，那就是兒子信奉父親的宗教，女兒則信奉母親的宗教。因此我的祖母是新教徒，而她的哥哥卻是天主教徒。

再講到我祖父這一支，幾乎是完全相反。祖父家裡是「盎格魯—愛爾蘭」一系，指的是十七世紀蘇格蘭和英格蘭人入侵愛爾蘭，奪取本地人的土地，然後在此定居，躋身當地仕紳，他們的後代依然是新教徒，不過世世代代之後，這些子孫覺得自己更像愛爾蘭人。我祖父這一支出了很多軍官，有些在拿破崙戰爭中上了戰場，有些去了阿富汗和緬甸服役，還有些隨著大英帝國的擴張，被派駐香港和印度。

我的盎格魯—愛爾蘭祖父早在我出生之前很久就過世了，他的職業也是大英帝國的陸軍軍官（當年的盎格魯—愛爾蘭家庭是由長子繼承父親的財產，餘下的兒子往往成為教士或軍官），祖父就讀倫敦沃維奇（Woolwich）的皇家軍事學院（Royal Military

Academy），這所學校專門訓練工程師，他畢業之後先後前往印度、緬甸、馬來亞服役。在派駐檳城（Penang，我父親的誕生地）期間，祖父興建了一座淨水水庫，至今依然正常運作，此外他還建造了一座新式港口。如今站在檳城的高樓上眺望，仍然能看見祖父當年為妻子所設計的愛爾蘭風格屋舍的遺跡，那正是波賽爾‧奧格曼少校的女兒，也就是我的祖母。祖父是最早對密碼學感興趣的那批人當中的一個，第一次世界大戰時成功領導英國陸軍部（War Office）的密碼局。有時候我也感到好奇，自己之所以終身癡迷玩填字遊戲，是不是源自於祖父的基因？

關於先人的這些歷史，有許多是我到了一九六〇年代中期才發現的，當時我開始考慮自己該選擇當哪一國的公民，最後選的是愛爾蘭。我小時候旅行用的是母親的英國護照，後來用自己的英國護照，從來沒有多想。長大後知道了人有靈魂和性格，但也很少為自己的身分煩惱。身分的主要關聯是數學[3]，不然就

---

3. 譯注：identity 一字除了身分的意義之外，最常用於數學的恆等式（Identity Equation）。

是針對屍體所進行的法醫調查。

　　我選擇當愛爾蘭公民，除了有政治理由，也有私人因素。當時越戰正打得如火如荼，鄰近的印尼反共黨軍隊奪得權力，屠殺了大約五十萬名共產黨員與同情共黨人士。這些事件使我的左傾情感更加堅定。另一個理由比較私人，由於弟弟妹妹已經決定要保持英國籍，我覺得自己欠父親一個公道，畢竟在我出生時，他給了我奧格曼這個「部族」姓氏，所以我應該申請愛爾蘭國籍才對。

　　愛爾蘭的公民權並不難取得，前提是我要能證明雙親或祖父母當中，至少有一人是在愛爾蘭出生的（我父親生在祖父駐紮的檳城，母親則生在倫敦。）可惜的是，愛爾蘭民族主義分子在一九一六年發動反抗英國的復活節起義（Easter Uprising），叛軍燒毀存放愛爾蘭出生記錄檔案的建築。所幸我母親有個朋友的嗜好是研究瓦特福郡（County of Waterford）各家族的家譜，他挖掘出前文所述的大部分資料，我將資料拿給本地選出的國會議員看，獲得對方協助，才得以在一九六七年拿到自己的第一本愛爾蘭護照。

年輕的父親生性好動、腦筋靈光，一九一二年，二十一歲的他還未完成在劍橋大學的學業，就志願加入一個奇怪的機構，也就是中國海關總稅務司（Chinese Maritime Customs Service，簡稱CMCS），這原先是英國和法國帝國主義擁護者創辦的機關。一八六○年第二次鴉片戰爭中，英法聯軍「成功」攻打北京之後，清朝被迫同意鉅額賠款，而創辦中國海關總稅務司的目的正是確保清朝支付該項賠款。事實上，中國海關總稅務司控制了大清帝國對外海上貿易的稅務，隨著時間推移，俄羅斯、德國甚至日本也來參一腳。久而久之，中國海關總稅務司的態度也改變了，越來越替他們所認為的真正中國利益著想，尤其是在一九一一年清朝覆亡、各地軍閥崛起之後。

　　父親的表現證明他是一流語言人才，中國海關總稅務司為了確保員工能夠流利的說、寫中文，便開設要求嚴格的課程，而父親在班上的成績總是名列前茅。他變得非常喜歡中國和中國老百姓，但沒那麼喜歡中國政府。父親還廣泛閱讀中國文學，在他過世之後，一向拘謹的母親震驚的發現父親留下來的

書籍當中，竟然有一套中國第一代（激進的）性行為研究學者所出版的書籍，裡面附有圖畫，出書宗旨是反抗當時許多中國婦女遭到強迫賣淫與悲慘的處境。

一九二〇年，第一次世界大戰結束之後，父親認識了令人傾慕的史黛拉·班森（Stella Benson），她是個堅定的女性主義者，也是才華洋溢的現代小說、短篇故事、旅遊紀聞作家，來中國的原因是為了在傳教士開辦的一所學校和一家醫院任職。他們倆人在倫敦休假時結婚，還決定去美國度蜜月，自己開車橫越美國；父親對美國歷史特別著迷。之後他們從美國搭船前往中國，這次換成中國是令史黛拉醉心的國度。

一九三三年，年僅四十一歲的史黛拉在中國逝世，令我父親悲痛逾恆。不過一九三五年他在倫敦認識我母親，娶了她，然後帶她一起回到中國。父親痛恨在大城市的辦公室裡枯坐上班，所以選擇去偏遠的崗位上度過大部分工作時間，因為在那些地方，他可以充滿幹勁，自己拿主意辦事。譬如他在廈門指揮一小支快艇船隊，攔截狡猾的中國南方走私客。他必須

面對雲南的軍閥，當地鴉片的生產和銷售都由對方控制。母親總喜歡跟我們兄妹講述，昆明附近的丘陵和高山上種滿了鮮豔的粉色東方罌粟花。我則喜歡臆想，父親的愛爾蘭血統造就了他思想獨立、熱愛冒險的性格，我對他僅有的回憶是他重病經常進出醫院的那段時間。不過父親始終表現慈祥與關愛的一面，而且非常逗趣。

我的母親是英格蘭人，閨名維若妮卡・畢格漢（Veronica Bigham），也是一位不尋常的女性。母親出身成功的中上階級專業人士家庭，她的祖父約翰・畢格漢（John Bigham）來自蘭卡斯特（Lancaster）的經商家族，但他自己發展了極為成功的律師事業，專攻商事法與海事法。後來他因為主持調查鐵達尼號（Titanic）遠洋客輪沉沒事件，一時聲名大噪，還為此獲頒默西子爵（Lord Mersey）爵位。

外祖父崔福爾・畢格漢（Trevor Bigham）是勤勉的「次子」，爭取到伊頓公學（Eton College）獎學金，這是英國最知名的「公立學校」（其實是只收男學生的私立學校）。外祖父畢業後擔任律師，然後加入倫敦警察廳（Metropolitan Police Service），最終

成為蘇格蘭場（Scotland Yard）[4]的二把手，也獲頒爵位。然而他討厭這份工作，早早就退休了。我記得外祖父是個相當頑固、講究規矩的人，但是他教我怎麼破解比較困難的填字遊戲，想要解開那類字謎，必須博覽群書才辦得到。外祖父娶了法蘭西絲・湯姆琳（Frances Tomlin）為妻，她是個行為狂放、藝術家性格鮮明的優秀鋼琴家。我感覺他們的婚姻並不是很幸福，一九二七年外祖母因為癌症病逝，年紀還相當輕。

母親罹患嚴重厭食症，主因很可能就是外祖母辭世，當時社會還很不了解厭食症，母親被帶離學校，回家由家庭教師指導學業。當年罕有女子能上牛津大學或劍橋大學，母親後來常遺憾自己生不逢時，假如不是生在一九〇五年，而是晚生個十五年，那麼她幾乎篤定能夠成為牛津的學生，也能夠獨立發展自己的事業。儘管如此，母親還是孜孜不倦的閱讀各種書籍，法文和德文都很流利。

嚴格說來，我的父母不能算是知識分子，可是他們合力為子女聚積藏書，在我們居住的鎮上，絕對是首屈一指。父母也鼓勵我們養成習慣，閱讀不同語

言、不同階級和地區、不同歷史時期的人們所擁有的生活、經驗和思想。我還記得讀過父親收藏的《源氏物語》和清少納言寫的《枕草子》，兩者都是亞瑟・偉利（Arthur Waley）翻譯的英文版，那時候我大概十四、五歲，對這些書十分著迷。

我們家的習慣在當時的愛爾蘭堪稱稀罕。我們吃米飯多於國民蔬菜馬鈴薯，吃魚和吃肉的頻率相當，反觀鄰居只在星期五吃魚，因為天主教義訓示教徒必須為耶穌吃一點苦。我們家裡有大量中國卷軸、圖畫、衣服和傳統服飾，我們經常穿戴起來，打扮取樂。我記得有一次被母親給我看的東西嚇壞了，那是一隻刺繡精美的布鞋，尺寸比我的手掌還小，母親解釋那是中國婦女穿的小鞋，她們的腳從童年時期就被纏裹，造成極大的痛苦。我父母都熱衷攝影，所以家裡有許多相本，特別是在中國和法國殖民地越南所拍攝的照片，他們偶爾會去越南度假。有一天母親指著一張照片，上面是一個非常漂亮的中國小姑

---

4. 譯注：即倫敦警察廳。

娘，大概兩歲大，母親說：「這是西莉亞・陳（Celia Chen），你的第一個好朋友。」

我出生之後，父母決定雇用保母來照顧我。他們找了一個年輕的越南女子，她自己有個小兒子，因為包辦婚姻不幸福，所以跑到昆明來找工作。這名女子和母親的關係日益親密，我們家回愛爾蘭度假時，也會把她帶上。很多年以後，我們本地鄉親對她的印象都還很深刻，記得她是口操法語的天主教徒，總是穿著優雅的越南傳統服飾，戴著黑色頭巾，牙齒仔細的染黑，臉上帶著動人的微笑；星期天她經常打扮成這樣上教堂。母親有一次告訴我，我學說話時最早吐出的幾個字是越南語，而不是英語。可惜兒童學語言的速度雖然快，忘得也快。

一九四一年，父親決定帶我們全家返回愛爾蘭時，這個名為氏二（意為次女，她說她父母只關心兒子）的保母已經準備好和我們一同出發，因為她很喜歡看看外面的世界。可是我們所登陸的加州當時正緊鑼密鼓的推出反亞洲人的種族主義政策，上海的美國領事館拒絕發簽證給她，所以氏二只好返回越南。戰爭結束後，母親企圖透過外交管道尋找她的下落，可

惜未能如願。

　　我對上學最早的記憶是一九四二年。當時父親因病頻繁進出舊金山的醫院，而小妹於一九四三年出生。母親同時要照顧丈夫、新生兒和兩個精力旺盛、爭吵不休的年幼兒子，實在是身心俱疲，於是將我們送到「鄉村學校」（The Country School）讀書，那是由兩個嚴厲的北歐女子所經營的寄宿學校，位在當今矽谷（Silicon Valley）周邊的洛斯加托斯鎮（Los Gatos）郊外。那所學校至今仍在現址，不過小鎮已經大肆拓展，使得學校的位置變得接近市中心了。美國是個陌生的地方，我們極為思念父母，還經常遭到體罰。我很不幸有尿床的毛病，根據校規，幾乎每天都為了洗床單而錯過一堂課，為此又遭到無情的嘲笑和霸凌。我不記得自己在那裡學到任何東西。

　　後來我們全家遷回老家瓦特福，設法在城郊買了一棟房子之後，我和弟弟被送到一所基督教貴格會（Quaker）辦的小學讀書。當時鎮上汽車很少見，所以我們是搭驢車上學的，駕車的是母親的園丁，他已經上了年紀，非常慈祥。不久我遭逢人生第一場交通

意外，當時我匆匆跑出學校大門，撞上了一輛路過的驢車。萬一我撞上的是汽車，可能早就沒命了；所幸撞的是驢車，只斷了肩胛骨。

後來家裡給我們男孩子腳踏車，作為上學的代步工具，這讓我們親眼見識到階級鬥爭和宗教衝突。上學途中，我們必須騎車穿越鄰近的一個天主教社區，居民相當貧困。住在那裡的男孩覺得我們勢利傲慢，擁有一半英格蘭血統，又是新教徒，所以經常找我們麻煩，而我們則時時準備好幹架。去程是下坡路，情況沒那麼糟，因為我們把車子騎得飛快，手裡還拿著曲棍球桿當武器，不過回程的上坡路就慘了，那些男孩逮住機會「教訓」我們。當時我不了解對方為什麼仇恨我們，可是卻從中學到很有用的一課，知曉宗教、階級、種族的偏狹思想會造成什麼後果。如今我對那所貴格會小學已經沒有什麼印象，只記得自己很害怕一個紅臉的數學老師，因此常對母親撒謊，翹掉許多堂數學課。另外，我還加入一個小幫派，帶頭的是一個叫費歐娜（Fiona）的女生，作風強悍，擅長體育。

對我來說最幸運的一件事，是母親做的另一個重

大決定。愛爾蘭法律強制幼童必須開始學習愛爾蘭語（出於民族主義）或拉丁語（出於天主教義）。母親看不出讓我學習一種跡近絕跡的語言有什麼意義，當時只有愛爾蘭最西部還有人能流利的說這種語言，所以她替我選擇拉丁語。母親找來韋伯斯特太太（Mrs. Webster）當我的私人家教，這位了不起的中年女子是我見過最好的老師。讀者可能難以相信，她使我愛上拉丁語，也使我從一開始就明白自己擁有語言天賦。

後來我問母親：「為什麼選拉丁語？它甚至比愛爾蘭語更接近絕跡。」雖然母親自己不懂拉丁語，卻曉得正確答案：「拉丁語是大部分西歐語言之母——法語、西班牙語、葡萄牙語、義大利語——所以如果你懂拉丁語，就會覺得這些語言都很容易。此外，拉丁語蘊藏偉大的文學，任何受過良好教育的人都應該懂得。」

不過母親當初的決定其實還有別的原因，她相信當時的愛爾蘭學校不怎麼好，她希望兩個兒子去英國就讀良好的寄宿學校，這樣將有助於日後進入優秀的「公立學校」，進而升入大學。而拉丁語（和希臘語）在那些教育機構的課程中皆是不可或缺的元素。

於是我們兄弟倆都去了英國——我自己先去，一年後弟弟也跟著過去。去英國的旅程是非比尋常的經驗，我們必須搭七個小時的輪船，渡過因為滔天巨浪而惡名昭彰的愛爾蘭海，船上幾乎每個角落都有人暈船嘔吐。大約凌晨兩點，我們會在威爾斯的小海港菲什加德（Fishguard）上岸，努力靠喝熱可可或酵母水（Marmite）取暖。然後我們會搭凌晨四點鐘的火車去倫敦，大約早上十點抵達。接下來在祖父的房子住一、兩天，再搭火車前往倫敦東南方的史凱特克利夫（Scaitcliffe），也就是我們就讀的小型學校。

我只在這所新學校讀了兩年，由於學校宗旨是專門給小男孩「填鴨」，以便升入頂級「公立學校」，所以課業很吃緊。另外，母親也施加壓力，對我們說她是依靠養老金維生的寡婦，除非我們自己能夠爭取到獎學金，否則家裡不可能負擔那些菁英學校的費用。我老老實實參加伊頓公學的考試，這場考試由全國學子競爭十三個獎學金名額（外祖父在十九世紀末也拿過這筆獎學金），而我名列第十二，跌破眾人眼鏡。後來弟弟也參加同樣的考試，他一向比我精力旺盛、競爭心強，考試成績高出我甚多。

對我來說，伊頓公學是個奇怪的地方。這所學校大部分學生出身英國貴族，不然就是富裕的商業家族或銀行家族，還有少數來自前殖民地與保護領地的棕色皮膚「王子」。領獎學金的學生多數出身中產階級家庭，集體住在一棟獨立的建築，大家一起用餐，還被迫穿一套特殊的「中世紀」模樣的衣著。反觀大部分學生則住在漂亮的「宿舍」裡，我們只會在課堂上碰面。那些男孩的家庭背景保證自己未來衣食無憂或前途光明，根本不覺得有努力的必要，他們公開鄙視拿獎學金的學生，取笑社會地位遠不如自己的對方是「書呆子」。至於拿獎學金的學生絕大多數腦筋靈光，往往嘲諷對手「愚蠢」、勢利眼，以此還擊。其實（聰明的）學生也勢利，凝聚力很強，我以前上學的班級裡從來沒有那麼多聰明的男孩。

伊頓公學的其他方面也很奇怪。即使在隆冬，我們也必須起得非常早，用冰冷的水淋浴，之後去上第一堂課，下了課才總算准許吃難以下嚥的英式早餐。每天從早上到下午，一堂課接著一堂課，中間只穿插死板的體育課，到了晚上則有滿滿的功課要做。我們後來才明白，之所以安排這種高強度的學習，是因為

老師們都深信古話說得好：「一閒百邪生」，他們知道在只有男生的環境裡，荷爾蒙亂竄的青少年會掉進各種愛情事件和性關係——除非時時刻刻監視他們，讓他們保持精疲力竭，才不會出亂子。

對拿獎學金的學生來說功課尤其困難，他們都知道，為了進牛津大學或劍橋大學讀書，自己很可能必須再次爭取到獎學金。不過課程依舊相當老派，核心元素總不外語言，也就是拉丁語、希臘語、法語、德語，後來也加入一點冷戰俄語。不過語言的背後設有輔佐課程，像是古代歷史、近代史、考古學，以及許多比較近代史學，以英國為核心。人類學、社會學、政治學都付之闕如。除此之外，我們還要學很多數學，以及少數淺顯的化學、生物學、物理學。至於性教育，當然是沒有的。

我只記得兩位老師。一位是教我們英國文學的年輕人瑞夫・裴恩（Raef Payne），他大膽向我們引介艾略特（T. S. Eliot）的詩（當時艾略特已經步入老年，也已獲頒諾貝爾文學獎），這是我們唯一看得上眼的後愛德華時代（post-Edwardian）的文學。一般的英國文學教程主要涵蓋截至十九世紀末期的文學，

在課堂上教詩都囿於既定的模式，例如只教長度有限的韻文。當時老師教艾略特的詩是極不尋常的事，不符合標準的傳統。我們那位年輕的英文老師還指導學校每年的戲劇，通常是莎士比亞的劇作，每次有男生被指派扮演女角，一定會招來同學的口哨和尖叫，我們老師處理得妥妥當當，他會說：「少白癡了。莎士比亞時代所有的女角都是像你們這種男孩飾演的。」

另一位讓我記憶深刻的老師是令我們畏懼的校長羅伯特・伯爾里爵士（Sir Robert Birley）。出人意料的是，他教授的詩歌課程非常出色，使得我對詩詞的喜好程度大為增加。伯爾里老師的教法不是簡單比較幾首詩，分析它們不同的長度或押韻風格，而是選擇某一首詩，譬如吉卜林（Rudyard Kipling）的作品，分析它的結構，解釋它的歷史背景。他也教我美（beauty）與善（virtue）不必然相等，寫出絕妙好詩的不見得是大好人。

在這個環境下，我和弟弟朝不同方向前進，他全心攻讀近代史，主要重心放在歐洲史，但也不僅限於歐洲史，至於我則專心學習語言和文學。最讓我大開眼界的是系統化（儘管保守）學習法國文學，時間跨

度從中世紀晚期到十九世紀終結。法語和英語是最難互譯的兩種歐洲語言，這一點是臭名昭彰的事實。我立刻就感覺到困難，但也很著迷，因為獲准進入一個徹徹底底非英語的世界。

大量閱讀古典文學帶來不一樣的效果，我彷彿接受兩大非基督教文明的洗禮。因為拿獎學金的學生被視為學校的知識菁英，校方允許我們閱讀幾乎所有的書刊，甚至是色情片段，只不過老師往往會跳過那些片段，因為太難為情了。我們受的訓練是仰慕古文化，但我們是置身當代文化中接受教育，兩者相距十萬八千里。儘管被教導應該以自己的身體為恥，應該將身體掩蓋起來，可是古希臘的雕像幾近全身赤裸，毫不感到羞恥，而且美麗無比。在一九五〇年代的英國，同性戀行為依然是刑事罪，犯者可能要坐好幾年牢，然而古代神話充斥神祇愛上人類男孩或青年的故事。古代史有大量年輕的愛侶英勇同赴戰場，後來死在對方懷中的例子。神話中還有千嬌百媚的愛神，帶著一個手持弓箭的淘氣小男神當跟班。相較之下，基督教顯得枯燥乏味、心胸狹窄。

還有另一件事值得注意，那就是學校認真教導學

生如何寫作。我們必須練習用拉丁語寫詩，還要把英語詩篇翻譯成拉丁語。我們也仔細研讀十六世紀到十九世紀偉大的英語散文名家作品，最後還必須背誦很多詩篇，並以不同語言公開朗誦。直到今天，我依然能在腦中默背拉丁語、希臘語、法語、德語，甚至是爪哇語所寫的詩。

當年的我並不曉得，我很幸運身為擁有這些經驗的最後一批學子；到了一九五〇年代末期，背誦詩歌的教學法已近乎絕跡。從前廣義來說，古典學研究被視為人文教育的基礎，此後卻逐漸遭到漠視，取而代之的是對於職業、專業和總體現代生活更實用的學科。此外，粗糙的盎格魯美國語（Anglo-American）變成了唯一的「世界語」，對地球來說是莫大的損失。

在伊頓公學的求學歲月中，我只做過一件至今依然自豪的事。學校老師經常體罰學生，據說可以「砥礪使之成器」。更糟糕的是，高年級的學長獲准毆打體型較小、年紀較輕的男孩。我在一些好友的協助下，說服同班同學打破這項傳統。升到高年級後，我們對所有學弟承諾不會再毆打他們──結果自然人緣爆棚好一陣子。

伊頓公學雖然嚴格,卻給學生充足的假期。我拿到伊頓的獎學金時,慈祥的姨媽帶我去巴黎觀光一個星期。我在旅館附近的書報攤買了一本法國漫畫,裡面恰巧有一幅泰山(Tarzan)為女主角珍(Jane)做性感叢林衣裝的場景,令我大為吃驚。我一直以為珍替自己縫衣服,從來沒想過泰山會做這種事。我對姨媽提出心中的疑惑,她聽了放聲大笑,我只好稍加反擊:「法國擁有世界最棒的設計師,他們全都是男人!」後來我和一些同學騎自行車遊荷蘭,和母親最要好的朋友們共度暑假,其中有一位住在奧地利,另一位在瑞士和義大利邊界附近擁有一棟別墅。所以我有相當多機會在愛爾蘭和英國以外的國度享受少年歡樂時光。

如果伊頓學生可以到海外短期旅行,那麼地位顯赫的外國人自然也能到伊頓來訪問。一九五三年六月迎來輝煌的女王伊麗莎白二世加冕大典,全世界的君主或代表都受邀參加。日本昭和天皇礙於在太平洋戰爭中所扮演的角色,不見容於英國輿論,不過他的兒子明仁還很年輕,英國人認為明仁適合來參加女王加冕典禮。校方告訴我們這些拿獎學金的學生,明仁將

會訪問伊頓公學，告誡我們一定要守規矩、有禮貌。其實我們這些學生大概都帶著敵意，因為大戰才結束不久，不過明仁抵達時，我們都驚呆了。他的個子瘦小、年紀很輕，只比我們年長一點點，穿著式樣簡單的黑衣服，行走時身旁有兩名彪形蘇格蘭士兵將他夾在中間，彷彿是遭到逮捕似的。明仁個性沉默、靦腆，不太自信，舉止極為溫文儒雅。忽然間，我們有很多人覺得他在某些方面跟我們沒什麼兩樣。

　　我在伊頓公學的最後一年贏得進劍橋大學就讀的獎學金。想當年，年輕學子必須苦讀不輟才能進大學，可是一旦上了大學，沒有人期待他們會勤奮讀書，事實上他們（當時主要是男生）大部分都把時間花在喝酒、玩牌、運動、看電影和泡妞。我認為當時嗑藥並不是大問題。後來我去美國，很驚訝的發現情況和英國正好相反：高中生不怎麼用功，但如果未來想要過好日子，上大學就必須努力讀書。

　　一九五〇年代的劍橋大學仍然相當保守，社會學剛剛被引進成為一門學科，而且極具爭議性。當時還沒有政治學，人類學也剛萌芽。我獲得的獎學金本來

是關於古典學研究的領域，不過我很快就決定應該轉到將來比較有用的領域。由於劍橋大學號稱擁有多位世界知名經濟學家——凱因斯（John Maynard Keynes）曾在劍橋就讀與任教，但我入學時他已經辭世——所以我選擇攻讀經濟學。然而我很快就發現自己沒有這一門學科的天分，很容易就覺得枯燥，第一年期中考試的成績不佳。此時我相當懦弱的決定回頭去讀古典學研究，因為從學長那裡得知，和當初為了進劍橋而參加競爭激烈的考試相比，大學部的畢業考試容易多了。

所以我大學的最後兩年多半用來閱讀自己感興趣的題材，大部分是文學和歷史。直到今天我還保留當時的筆記本，裡面記錄了我閱讀的所有書籍和文章。如今回頭翻閱，儘管對當時選擇的某些讀物感到難為情，但我依然為羅列的書單之長而動容。這種行為可能有部分源自於我在社交上的不成熟：少年的我個性靦腆，不懂社交禮儀，也不太喝酒，厭惡跳舞（那是在搖滾樂誕生之前的年代），完全不曉得怎樣和女生攀談。

然而出於兩個迥異的原因，劍橋大學對我至為重

要。儘管大學坐落在鄉下小鎮，卻擁有一家專門放映經典藝術影片的電影院，真真出乎我的意料。伊頓公學不准學生獨自去看電影，而在愛爾蘭時，影院放映的大多是西部電影和幫派電影。不料進了大學，竟然只有國際頂級電影可看。令我目眩神迷的日本電影當時正處在全球讚譽的巔峰：除了黑澤明、溝口健二、小津安二郎幾位大師外，還有其他同一世代的重要導演——那正是我畢生熱愛日本文化的起源。另一個意外發現是一九二〇年代和三〇年代開始的革命蘇聯電影，不過我沒有感到那麼震撼，因為當年在伊頓公學就已經開始學習俄語，為的是能閱讀屠格涅夫（Ivan S. Turgenev）、果戈里（Nikolai Gogol）、杜斯妥也夫斯基（Fyodor Dostoyevsky）、岡察洛夫（Ivan Alexandrovich Goncharov）、列斯科夫（Nikolai Leskov，我的最愛）等作家的原文作品。拿我讀的俄語小說內容和我看的革命蘇聯電影情節兩相比較，是令人耳目一新的經驗。此外，電影院也播放許多法國片、義大利片、德國片和瑞典片〔由英格瑪·柏格曼（Ingmar Bergman）執導〕。劍橋的藝術電影院有一點很讓人稱道，那就是播放許多黑白電影，我的電影

美學基礎就是這麼構成的，即使到了今天，我依然認為黑白電影比彩色電影真實、鮮活。

經常去那裡看電影也激發了我的政治意識。當時每一部電影結束之後都會放國歌，並播放年輕的伊麗莎白女王騎馬的特藝七彩（Technicolor）影像，此時觀眾必須全體立正致意。這實在太痛苦了，當我眼裡還含著《東京物語》觸發的淚水，或是正為了《波坦金戰艦》（*Battleship Potemkin*）熱血沸騰之際，卻必須忍受這種專制君主的勞啥子玩意兒，太折磨人了！我很快就學會一開始放國歌就迅速衝出電影院，沿路有很多氣憤填膺的愛國分子想抓我或打我。如此這般，我就此成了單純卻堅定的共和主義者。

我在劍橋的第二個性格形成經驗，發生在一九五六年蘇伊士運河危機（Suez Crisis）期間，當時埃及的納薩爾將軍（General Nasser）企圖將法國人建造的大運河連同管制國際交通的機關收歸國有，英國、法國軍隊和以色列人勾結，發兵入侵埃及予以阻止。我對這項危機毫無興趣，可是有一天下午我穿越大學的運動場走回宿舍時，發現有一小群棕色皮膚的學生正在發表憤慨的抗議演說，於是我停下來傾聽，

純粹是出於閒來無事的好奇心。忽然間，一群體型高大的英國學生惡霸毫無預兆的攻擊抗議者，他們大多是運動員，嘴裡高唱「天佑女王！」在我看來，此事無法理解，應該受到譴責。

抗議者大多是印度學生和錫蘭學生，個子矮小瘦弱，根本無力還手。我沒有多想，便試圖出手幫助他們，結果眼鏡從我臉上被扯了下來，在泥巴裡摔碎了。我這輩子從來沒有那麼憤怒過，有史以來第一次面對面遭遇英國種族主義和帝國主義。很多年以後，當我在《想像的共同體》一書中為英語讀者書寫民族主義時，就利用冷嘲熱諷、含沙射影的形式，傾瀉在那場事件中所感受的一些憤怒。後來我受到馬克思主義和非歐洲反殖民民族主義吸引，這件事肯定是箇中原因之一。

旅行也是大學生活預期中的一部分。我和朋友一同造訪佛朗哥元帥（Generalissimo Franco）所統治的西班牙，結果卻因行為有傷風化而遭到逮捕，也算是稀罕的經驗。我們當時跑去西班牙北邊的海岸游泳，穿著英國男孩常穿的游泳褲。游完泳回到陸地上等身體乾時，有兩個民防警衛隊（Guardia Civil）

的隊員跑來逮捕我們，罪名是袒胸露背。我們向對方求情，辯稱自己是無知的觀光客，最後說服警衛放我們走，但在釋放之前，先被他們押著走到服裝店，被迫購買討厭的一件式泳裝，從脖子到小腿包得緊緊的。這是我第一次體驗到清教獨裁（puritanical dictatorship）！

另一次奇怪的經驗發生在蘇聯血腥入侵匈牙利之後不久。不列顛共產黨（British Communist Party）包了一列火車，準備載運數以百計年輕的共產黨員，去莫斯科參加著名的一九五七年國際青年聯歡節（International Youth Festival）。由於外界普遍對匈牙利的遭遇感到義憤，進而影響共黨同志，以至於大量黨員脫離共產黨，當然也退出了這趟旅程。不列顛共產黨先前已經投入大筆金錢，此時只好把票送給任何想去的人，不論有沒有黨員身分都無妨。我和弟弟（當時在牛津大學讀書）立刻逮住這個千載難逢的機會，想一睹傳說中的莫斯科，也就是共產世界的首都。這整套行程包括各種免費門票，可以去聽歌劇、看芭蕾舞、參觀博物館和許多知名的歷史景點。不列顛共產黨的領導人沒有興趣請外人參加沒完沒了的政

治會議，所以我享受了妙不可言的一個星期，沉浸在穆索斯基（Modest Mussorgsky）、葛令卡（Mikhail Glinka）、林姆斯基高沙可夫（Nikolai Rimsky-Korsakov）幾位俄羅斯作曲家的音樂中。除此之外，我也設法練習開口講自己過去學的一點俄語。

離開劍橋大學的日子終於來臨。學長曾經告訴我，古典學系的學士文憑考試比三年前的入學考試容易，我果然拿到了無用的一級榮譽學位。接下來我在家裡待了六個月，日子過得頗為艱難。弟弟告訴我，實際上我是拒絕了去愛丁堡大學（University of Edinburgh）教古典學研究的邀約，但是我完全不記得此事，這說明了我多麼不情願追求古典學這門學科，更不想待在英國。

然而我也不曉得自己應該追求什麼樣的工作。母親盡其所能提供協助，她一心想要我成為英國外交官，但我這輩子都不打算從事公職，更別說是為日益衰敗的帝國效命。於是母親動用關係，拜託父親尚在世的友人（對中東懷抱商業興趣的那些），替我在商業界找份工作。這項前景甚至令我更不樂意，隨著日子一個月又一個月過去，母親變得越來越沒耐心，母

子之間的緊張持續升高。

　　然後我再次受到幸運眷顧。我一直和伊頓公學領獎學金的幾個朋友保持聯繫，有一天接到其中一位的來信，他叫李察・康納威（Richard Kennaway），在美國紐約州綺色佳市（Ithaca）的康乃爾大學（Cornell University）任職。康納威告訴我，他一邊在等候英國殖民地公職機構翌年召喚他就職，一邊在康乃爾大學政府系（也就是政治系）找到一份臨時工作。他問我有沒有興趣接替他的職位？我深知母親只要能把我弄出家裡去工作，哪怕是臨時的，她也會贊成。可是我從來沒有修過任何政治學的課，也根本沒有教學經驗。朋友嗤笑一聲，回答說那沒關係，美國學生會為我的英國口音傾倒，如果我閱讀得夠勤快，可以提前把材料讀過，只要領先學生一、兩個星期即可。

　　我找弟弟商量，因為他向來非常熱衷政治，比我對美國的了解多太多了。弟弟說我絕對應該去，也應該讀報紙、看電視。當時印尼即將爆發內戰，當地的共產黨（PKI）是世界上共黨執政地區以外，擁有最多共產黨員的國家。然而美國中央情報局暗地支持反共黨的軍閥，保守派地方政客試圖推翻左傾的民族主

義總統蘇卡諾（Soekarno）。康乃爾的政府系恰好聘了年輕的教授卡欣（George Kahin），他是世界頂尖的當代印尼研究專家，曾強力支持一九四五到四九年的反殖民武裝鬥爭。

於是我決定去康乃爾大學試試，康納威很快就替我爭取到助教的職位，當時我才二十一歲。

去美國的旅程有些特別。我搭乘宏偉的瑪麗皇后號（Queen Marry）郵輪，費時五天，那是這艘大型客輪最後幾次橫渡大西洋了。我在紐約上岸後，搭火車前往綺色佳，時間是一九五八年一月初，城裡積雪竟及腰深。

在此沒有必要贅述我人生最初的二十一年有多麼幸運，唯一比較不幸的事，是可憐的父親英年早逝，他去世時年僅五十三歲，那年我只有九歲。不過順便一提，我也許應該從更全面的格局來看待此事，包括地理和時間兩方面。

從地理方面來看，我（在不知不覺間）慢慢形成了大都會式、比較式的人生觀。在青春期以前，我已經住過雲南、加州、科羅拉多州、獨立的愛爾蘭和英

國，撫養我長大的是愛爾蘭籍的父親、英國籍的母親、越南籍的保母。我們家的（祕密）家庭語言是法語；我愛上拉丁語；父母的藏書中包括中國、日本、法國、俄國、義大利、美國和德國作家的著作。

做個非主流的人也會生出有用的感覺。我在加州因為英國口音被嘲笑，在愛爾蘭老家瓦特福時，因為使用美國俚語而被嘲笑，到了美國又因為愛爾蘭腔調被嘲笑。讀者看到這段話，也許會覺得這是負面的感覺，因為它彰顯失根的人生，缺乏堅定的認同。但也有人可能會正面看待這段話，覺得我擁有多重歸屬感，對愛爾蘭、對英國（某些方面）如此，更透過文學和電影，對世界許多地方產生親近感。因此，後來我很容易便透過語言，對印尼、暹羅、菲律賓產生深厚的感情。

雖然泰語和印尼語沒有聯結（linkages），分別隸屬於相當不同的語言（學）祖源（linguistic ancestries），然而長久以來這兩種語言都有一隻宿命青蛙的意象，青蛙一輩子都住在半個椰子殼底下——這些國家的人通常會拿半個椰子殼當作碗來使用。青蛙安安靜靜坐在椰子殼底下，不久之後就開始覺得椰

殼碗所包圍的就是整個宇宙。這個意象的道德判斷是青蛙心胸狹窄、目光短淺、宅在家裡，而且無謂的自鳴得意。以我來說，我在任何地方都待得不夠久，不足以像那隻鄉下青蛙一樣在某個角落安頓下來。

在此我應該解釋為何在書中採用「暹羅」而非「泰國」。這個國家的傳統名稱一直是暹羅——所以我們（英文）的說法向來是「暹羅雙胞胎（Siamese twins，即連體嬰）」和「暹羅貓（Siamese cats）」。一九三〇年代末期，擁護民族主義的軍事獨裁者鑾披汶·頌堪（Plaek Phibunsongkhram）陸軍元帥將國名改成「泰國」（Thailand）。第二次世界大戰之後，文人短暫掌權，重新使用「暹羅」。一九四七年，軍方再度奪權，並在接下來的二十五年（冷戰期間）執政，這次泰國的國名便徹底制度化了。

關於國名的爭議至今依然持續，批評「泰國」這個名稱的多半是自由派和溫和的左派，他們不喜歡以「泰族」（Thai）作為這片土地的認同，因為該國有五十幾個民族團體，泰族只是其中一個，但確實是最強勢的一族。批評者認為泰國這個名稱鼓勵狹隘心態和鎮壓少數族群的態度，尤其是國土最南邊的馬來穆

斯林（Malay Muslims）。至於討厭「暹羅」的人則主張，這個名稱過於認同現代化之前、不民主、封建的時代。我的看法與前一派批評者的觀點相同，因此在書中使用「暹羅」的國名，但在指涉約定俗成的組織名稱時，會出現少數例外。

在我成長的期間，舊世界已經慢慢終結。我接受精緻的老派教育，引以為理所當然，完全不清楚自己是那套教育幾乎最後一批的獲益者。這套教育的宗旨是相當保守的複製那些抱持中上階級（upper-middle-class）[5]傳統的人。接受這種通識教育的男孩，仍然能指望自己最終成為高階文官、寡頭政府的一員，或是老派作風的可敬教師。

然而戰後各國工黨（Labour）政府掀起和平社會革命，創造大量新型高中和大學——它們更適應冷戰、美國優勢、商業全球化、帝國衰落。年輕人需要學習經濟學、企業管理、大眾傳播、社會學、現代建築學與科學（從天文物理學到專業古生物學）。業餘身分已經沒什麼用處。即使語言也在改變，我當年學講的那種老派 BBC 英語遭到攻訐，被指為挾帶階級

意識，逐漸被較為通俗的版本取代。再也沒有人覺得背誦詩歌有任何意義，遑論背誦英語之外其他語言的詩歌。

學校也在改變。以往教師和學長經常鞭打學生的時代即將劃上句點。所有只收男生的學校都在日益高漲的民主壓力下轉變成男女同校，結果顯然有好有壞。我認為我是倒數第二批經由書籍、廣播、黑白電影（和自學）受教育的人，當時沒有電視，幾乎沒有好萊塢，沒有電動遊戲，也沒有網際網路。甚至打字也不存在——我是將近成年才開始在美國學習打字。

甚至在自己家裡，我都能依稀感受到這場變革。弟弟和我受教育的方式是一樣的，而比我小七歲的妹妹是牛津大學畢業的，她就屬於新世界的一部分。弟弟在政治方面比我更加進化，也比我聰明，即使我們之間也存在明顯的差異，這些差異有一項指標正是美國。在我真正到達美國之前，根本對那個地方毫無興趣；我對美國歷史一無所知，幾乎沒有讀過美國

---

5. 譯注：upper-middle-class，或譯上層中產階級。

傑出小說家的作品。此外，我本身熱愛彈奏古典鋼琴曲，心裡很瞧不起美國流行音樂，其實我根本不認識流行音樂。反觀弟弟不得不忍耐我乒乒乓乓彈奏巴哈和舒伯特，他的報復辦法就是播放拉丁美洲倫巴舞的唱片，把聲音開到最大，後來放的是貓王（Elvis Presley）的唱片。我必須承認，儘管我長時間住在美國，擁有許多很棒的美國朋友，也很喜歡各種黑人音樂，但哪怕到了今天，我覺得依然和美國社會與美國文化格格不入，甚至感到疏離。不過……父親遺留一本一九二〇年代版的《白鯨記》（*Moby Dick*），裡面配有奇異的插畫，是由無畏的共黨分子洛克威爾·肯特（Rockwell Kent）所繪。至今《白鯨記》的作者赫曼·梅爾維爾（Herman Melville）仍然是我心目中排名第一的偉大小說家。

另外一種「最後一批人」的感覺是比較專業的層面。我在一九五八年抵達美國，時值美國大學生活即將發生本質性改變的前夕，和英國的情況相當類似。一九六〇年代初期和中期，我們稱之為「理論」的絕妙機器開始現形，起初是如今已成骨董的「行為主義者」（behaviourist）革命。儘管我不認為「理論」對

務實、踏實的人來說是自然而然的事，不過理論確實有重大效果，它使得每一門學科更加渴望和姊妹學科區分開來，並且著手發明自己獨有的術語。

我在美國讀書時，這種改變才剛剛萌芽，所以如果我跑去歷史系或人類學系修課，老師都沒有意見。可是到了一九六〇年代末期，跨系選課的做法已經出現困難，諷刺的是，三十年後美國學者又開始興致勃勃的討論多領域（multidisciplinary）方法，他們不明白其實在一個多世代以前，這些方法或許早就存在了。

這並不是說我成年之後所發生的改變就沒有諸多可取之處，我只是想要強調，我結束學業的時候，正值這些變革冒頭之初。我屬於這些變革變得稀鬆平常之前的最後一個世代，因此得以從一段距離之外加以觀察，而不是由這些變革塑造我這個人。

Area Studies

# 二、區域研究

事實證明，命運的發展和我原先所預料的大不相同。我很快就深受康乃爾大學美麗的自然風景吸引，而卡欣所教授的印尼、東南亞、美國對亞洲政策的課程也令我傾倒。在康乃爾的第一年結束時，我明白自己終於下定決心追求此生的志願：當教授、做研究、寫書和教書，並且在學術和政治傾向上跟隨卡欣的步伐。後文還會多講一些卡欣的事，他不僅是優秀的學者，更是堅持信念、充滿活力的人。

所以我就這樣待下來了。母親很高興我終於安頓下來，但也抱怨我離開她和弟妹那麼遠，因此我幾乎每星期都寫信給母親，每年耶誕節和暑假也會回家。母親常常給我回信，西麗雅（Celia）姨媽會寄字謎剪報給我，她寄來的字謎通常比美國當地的字謎更難破解。

儘管一到康乃爾就受到卡欣教授的東南亞課程所吸引，但是我花了好幾個月才適應美國研究生的生活，又花了更久的時間，才了解康乃爾大學及其東南亞學程在當時地位多麼獨特。要解釋這種獨特性的本質，就需要暫且放下康乃爾，先說一說第二次世界大戰之後，美國人所謂的區域研究（area studies）如何

乍然崛起。

　珍珠港事件爆發之前，美國雖然在全世界積極推動經濟擴張的政策，但骨子裡其實是奉行孤立主義的。世人都記得，儘管威爾遜總統（Woodrow Wilson）使出渾身解數，美國仍然拒絕加入國際聯盟（League of Nations）。由於美國只擁有一個重要殖民地，也就是菲律賓，加上本身曾經也是殖民地，因此在涉足「歐洲」和日本殖民帝國的競賽時，經常會感到尷尬。到了一九三〇年代中期，美國已經訂好一九四六年讓菲律賓獨立的計畫。美國雖然擁有規模龐大的現代化海軍，可是陸軍和空軍力量乏善可陳，直接的政治干預主要限於門羅主義（Monroe Doctrine）主張的自家後院，也就是中美洲、南美洲、加勒比海的一部分，以及太平洋的一大塊。美國的學術界也反映這個較大的格局，因為有太多美國人祖上源於歐洲，也因為歐洲的學術界地位崇高，所以很多美國學者研究的國家主要位在西歐——英國、法國、德國、義大利。蘇聯也是學者研究的目標之一，因為該國被視為強大的意識形態敵人。至於亞洲，一般只關心中國和日本，研究日本的主要原因是它握有

軍事力量，威脅到美國在太平洋地區獨大的地位。早期學界之所以對中國產生強烈的興趣，是受到十九世紀末美國大批傳教士前去中國傳道的刺激。到了一九四〇年代末期，蔣介石政權瓦解，很多中國學者逃到美國——反動派和自由派不拘，水準頂尖的和平庸的都有，後來大幅提高了反共中國問題研究的影響力。他們和日本或其他亞洲國家來的學者不同，許多都帶有特定的政治企圖。這些學者和美國持有類似意識形態觀點的中國問題研究學者結盟，日後在與亞洲議題相關的美國學術圈形成一個重要的派別，影響力很大。

當時已經有一些關於印度的著作，不過主要限於梵語學生閱讀的書籍，受到歐洲東方主義的影響，而不是關於當代殖民地印度的作品。除了一、兩位人類學者之外，幾乎沒有人研究非洲、中東、中亞或東南亞。正經研究東南亞（菲律賓除外）的專家，一隻手就數得出來：瑪格麗特・米德（Margaret Mead）與葛瑞戈里・貝特森（Gregory Bateson）研究峇里島（Bali）、珂拉・杜布瓦（Cora Dubois）研究印尼亞羅島（Alor），魯伯特・愛默森（Rupert Emerson）

研究馬來亞（Malaya）。遲至一九五八年我開始在康乃爾大學政府系就讀時，為數不多的教師絕大多數都在研究美國。有一位教授負責蘇聯，另一位負責西歐，而卡欣則負責整個亞洲。整個系上都沒有老師教授關於拉丁美洲、東歐、非洲或中東的課。

第二次世界大戰急遽改變了所有事物。美國忽然成為世界霸主，德國和日本徹底戰敗，英國和法國雖然是勝利的一方，卻遭受參戰的代價拖累，昔日世界帝國強權的地位迅速衰落。唯有蘇聯不動如山，但仍然是區域性大國，而不是全球強權。雖然美國先前不肯加入國際聯盟，此時也已成為聯合國的核心組織者，這點從紐約被選為聯合國總部就看得出來。在這些新的情況之下，更多有權有勢的美國菁英分子清楚察覺到，自己對世界上很多地方的認識少得可憐，畢竟他們如今指望在那些地方的政治局勢中扮演關鍵角色。由於亞洲和不久之後的非洲正以如火如荼的速度推動去殖民化，了解這些國家就變得更迫切了。

戰後美國區域研究的崛起，直接反映了這個國家的新霸權地位。美國開始投入大量財務資源和其他資源，著重研究西歐以外國家的「當代」政治學和經濟

學，較少研究其歷史、人類學、社會學、文學、藝術。等到冷戰伊始，學術界對政策研究越來越感興趣，尤其關切他們所理解的「世界共產主義」所構成的真實威脅或想像的威脅。促進學術界這波擴張的背後，是美國中央情報局、國務院、國防部的推動力。不過極大型私人機構也扮演重要角色，特別是洛克菲勒基金會（Rockefeller Foundation）和福特基金會（Ford Foundation），一部分的作用是平衡國家的「政策」焦點。

這些基金會的高階人員通常教育水準很高，他們在小羅斯福總統（President Franklin Roosevelt）漫長的執政期間長大，比國家機關公務員的觀點更偏自由派，也比較不執迷於打擊「世界共產主義」。他們很多都堅信較有深度、以歷史作基礎的學術研究很重要，認為相較國家機構，在開放的大學裡更有可能健全發展這類學術研究。他們也比較注意長期規劃的需求，以及某些議題的急迫性，例如關建足夠的研究圖書館，以及戰前乏人問津的那些語言種類的教學效率。

西方人眼裡的「東南亞」是什麼樣的？中文自古就有「南洋」一語，這個模糊的地理名詞大概的意思

是「南方地區」，而且帶有「水」的意涵，象徵地處北京以南，可以經由河道或海路抵達的南方地區。在不同的歷史時期，南洋指的可能是中國自己的東南沿海省分，或是菲律賓、印尼群島、馬來半島，但不指只能經由陸路抵達的緬甸和寮國。日文也有同源的用詞「南浦」，是明治時代才有的，在意義上更明確也更政治性，涵蓋我們今天所熟知的東南亞，以及西太平洋的一大部分，日本在第一次世界大戰之後受託統治該地。

第一位出於完整現代意識使用「東南亞」這個詞的西方學者，是傑出的緬甸專家約翰・佛尼瓦爾（John Furnivall），他在一九四一年出版了《東南亞的繁榮與進步》（*Welfare and Progress in Southeast Asia*），時值太平洋戰爭爆發前夕。然而決定性的改變，是大戰期間盟軍創造東南亞戰區司令部（Southeast Asia Command），由路易・蒙巴頓（Louis Mountbatten）擔任總司令，宗旨是「解放」美屬菲律賓以外的整個東南亞——至於菲律賓則交由華府處理。東南亞戰區司令部不僅（短暫）恢復英國在緬甸、馬來亞、新加坡殖民，當荷蘭和法國效法英

國，分別在當今的印尼和中南半島企圖恢復殖民時，東南亞戰區司令部也扮演類似的襄助角色。儘管如此，二次大戰結束之後不久，東南亞戰區司令部便廢除了。

「東南亞」這個詞最早是經由美國才定型變成一般用語，像過去的日本一樣，美國的野心也是主宰印度和中國之間這整片地區。過去歐洲諸帝國只要瓜分此地區就已經心滿意足，所以焦點多半放在自己擁有的殖民地上。這項重大的政治改變無可避免的對學術界產生根本的影響。

戰前關於東南亞不同部分的最佳研究，都出自學養深厚的殖民地官僚，而非都會區大學的教授。這些官僚在特定殖民地一住多年，往往通曉當地的當代或古典語文，有時候還會和原住民婦女通婚或外遇（有一小部分官僚是同性戀者，必須盡可能掩飾），他們經常把自己的研究工作當作一種嗜好，主要興趣是考古學、音樂、古代文學、歷史。整體來說，這些是他們可以堂而皇之表達希望研究的領域，相對而言，就沒那麼熱衷政治或經濟研究，因為作者通常必須和殖民政權保持一致立場。

最重要的是，學者型官僚一般只研究一個殖民地，也就是自己派駐的那一個，對於其他地方興趣不大，也不了解。撰寫系統性比較研究成果的重要學者佛尼瓦爾，是在離開官僚崗位後才動筆的，他寫的《殖民政策與實務》（*Colonial Policy and Practice*）主題是英屬緬甸和荷屬印尼。因此到了一九五〇年代和一九六〇年代初期，關於東南亞的美國傑出研究作品依然十分稀少，所以我這一輩必須非常仰賴學者型官僚，而且被逼得去學習法語或荷蘭語，才能閱讀他們的作品。我們都閱讀佛尼瓦爾和高爾登・盧斯（Gordon H. Luce）寫的緬甸；保羅・繆伊（Paul Mus）和喬治・賽代斯（George Coedès）寫的中南半島；理察・溫斯泰德（Richard Olof Winstedt）和理察・威爾金遜（Richard James Wilkinson）寫的馬來亞；貝爾特姆・施瑞卡（Bertram Schrieke）、提歐多・琵侯（Theodoor Gautier Thomas Pigeaud）、雅各布・范立爾（Jacob Cornelis van Leur）寫的印尼。

到了戰後的美國，這種模式幾乎完全顛倒過來。從那時候開始，研究東南亞的學術工作幾乎都是教授和研究生做的，他們背後沒有官僚經驗，就算有

也少得很，職業和繁忙的時程意謂他們不太可能花太多時間田野調查。第一代研究人員始終沒有精通當地語言，譬如緬甸語、越南語、高棉語、塔加祿語（Tagalog），甚至不懂泰語和馬來—印尼語。儘管有一些研究人員娶了東南亞女子，但通常會將妻子帶回美國定居。

這個學門的焦點也發生重大的改變，反映了美國所著重的優先次序。政治學變得非常重要，其次是經濟學，然後是人類學（華府對部落和少數民族的反抗感興趣）和現代歷史。真正對文學和藝術有興趣的人少之又少。

美國的現象另有值得一提之處。除了菲律賓之外，美國手裡幾乎沒有任何殖民地的史料可供學者研究，自然就鼓勵了學者把焦點放在當代。反觀英國、荷蘭、法國都有龐大的帝國殖民檔案記錄，這是他們的重要資源，所以有很長一段時間，甚至是在殖民地脫離宗主國之後，年輕的荷蘭學者大多研究印尼，法國學者研究中南半島，英國學者研究馬來亞、新加坡和緬甸，而且研究重心都是歷史問題，而非當代的問題。經過一個多世代，歐洲學者才在知識上和制度上

習慣美國學者搶先開拓的領域。

美國的「東南亞研究」是福特基金會和洛克菲勒基金會率先倡議的，他們為專門的學術研究創造必要的機構空間。一九四○年代末期和一九五○年代初期，兩所大學〔一九四七年的耶魯（Yale）和一九五○年的康乃爾〕獲得大筆經費和機構支援，用以創辦多領域的東南亞學程，開設新的教授職位、闢建圖書館、設置專業語言訓練課程，並頒發獎學金和特別研究生補助費以獎勵田野調查。

這兩所大學雀屏中選的主要原因，是他們在困難的草創時期便已擁有領導人才。康乃爾大學東南亞學程的第一位主任是人類學者勞里斯頓‧夏爾普（Lauriston Sharp），他曾在一九三○年代研究澳洲原住民，不過在大戰期間暫時受僱於美國國務院，奉派研究東南亞。夏爾普對「未殖民化的泰國」特別有興趣，後來返回康乃爾大學之後，創辦了附屬的「康乃爾現代泰國計畫」（Cornell Modern Thai Project）。

夏爾普聘任兩位重要人物：約翰‧埃可斯（John Echols）和卡欣。埃可斯是語言學教授，通曉十餘種

語言，他最初的興趣是北歐，大戰期間曾派駐中立國瑞典蒐集情報。戰後埃可斯變得對印尼很感興趣，編纂了第一部印尼語對照英語的字典。他是在康乃爾大學發展東南亞語言教學的大功臣，不久後這所大學就有能力教授東南亞地區所有主要的地方語言了。埃可斯還有非常了不起的一面，他在康乃爾圖書館幾乎隻手建立起全世界最齊全的東南亞相關文本，在沒有任何私人財務誘因的情況下，將後半生貢獻給這項極具意義的任務。康乃爾大學東南亞學程的教職員極少跳槽到其他大學，主要原因就是圖書館所收藏的這些文本，而第一流學生湧入康乃爾校園，也是基於同一個理由。

第二位中心人物是卡欣，也是了不起的人物。太平洋戰爭之前幾年，卡欣在哈佛的大學部就讀，對國際事務非常感興趣，包括遠東局勢在內。如果說夏爾普和埃可斯對政治並不很熱衷，那麼卡欣剛剛好相反；珍珠港遭到攻擊之後，卡欣的進步思想和個人勇氣立刻使他變成政治活躍分子，這一點足以說明他的政治傾向。珍珠港事變激起一波暴力反應，施暴對象是定居美國西岸的日裔美國人，戰爭期間大多數被監

禁在可怕的拘留營裡。美國西岸那些不擇手段、種族歧視的商人趁機拒絕支付欠債，害得困在拘留營中的債主日子更不好過。卡欣加入貴格會發起的行動，採取法律和其他手段強迫那些商人償還欠款，在當時的政治氛圍下，這項舉動簡直被視為欠缺愛國心。

年輕的卡欣入伍成為美國陸軍一員時，接受的訓練是準備在印尼和馬來亞跳傘滲透到日軍敵後。不消說——了解五角大廈的人都知道會這樣——最後他被派遣到義大利了。不過卡欣的訓練讓他對印尼產生長久的興趣，戰後復員，他回學校當研究生，一九四八年展開在印尼的政治田野調查，彼時印尼正處在如火如荼的漫長武裝獨立鬥爭之中。卡欣成為很多印尼知名民族主義分子的密友，他設法穿越荷蘭戰線，造訪印尼群島的許多地方，並寫了許多親印尼的文章，發給美國的報紙，後來還遊說美國國會支持印尼人反抗荷蘭。

一九五一年卡欣來到康乃爾大學，不久就出版他的經典著作《印尼的民族主義與革命》（*Nationalism and Revolution in Indonesia*），那是美國針對當代東南亞政治所寫的第一本學術巨作。對康乃爾大學而言，

聘任卡欣這件事至關重要，因為當時美國主要關注東南亞的政治層面，而他的身分是政治學者，因此有很多年輕人很想投入卡欣的門下做研究。可惜的是剛好碰上麥卡錫（McCarthy）時代的頂點，卡欣在美國國務院的右翼敵人基於不實理由剝奪他的護照好些年，對方指稱卡欣對印尼共產主義態度友好。

卡欣在夏爾普的支持下，協助東南亞學程引進另外兩位截然不同的人物，一位是經濟學者兼經濟史學者法蘭克・高雷（Frank Golay），戰時受雇於海軍情報單位，興趣是菲律賓。高雷是正統經濟學者，在許多方面都相當保守，但是他的學門很重要，對菲律賓的關注很扎實，而且是很好的老師。第二位是克萊兒・霍特（Clair Holt），一位真正浪漫、卓爾不凡的女性。霍特生在里加（Riga，當今拉脫維亞首都）的一個富裕猶太家庭，成長於沙皇俄國末年，所以她的母語是俄語。布爾什維克革命（Bolshevik Revolution）之後，霍特一家人遷居瑞典，而她則成為記者，替報紙寫舞蹈評論，特別是芭蕾舞，先後在巴黎和紐約居住。

霍特的丈夫在一次詭異的意外事故中喪生後，她

和一名友人聯袂前往東方旅行，可是到了荷蘭殖民地印尼時，她愛上了那個地方和那裡的人民，迅即研究爪哇的舞蹈，並達到精通的水準。霍特與傑出的德國考古學家威廉・斯達特海姆（Wilhelm Stutterheim）結為愛侶，透過他徹底認識印尼未殖民前的文化。不幸的悲劇再度降臨，一九四〇年春天納粹侵略荷蘭之後，印尼殖民地所有德國人，包括斯達特海姆在內，都被關押到拘留營。太平洋戰爭爆發時，荷蘭殖民當局決定將被拘留的犯人移往英屬印度。斯達特海姆所搭乘的船隻在蘇門答臘海岸線上被日軍飛機擊沉，船上人員盡皆罹難。

霍特回美國之後應聘教授馬來語和印尼語，學生都是年輕的外交官和情報官員。她這份工作一直做到麥卡錫時代，但那個時期讓她感到極為憤怒和沮喪，於是辭職不幹了。卡欣早就認識霍特，此時趁機延攬她來到康乃爾大學，而霍特從此便留下來教書，直到一九七〇年辭世為止。霍特沒有學歷，所以不能當教授，可是她的印尼語教得非常好，對於殖民地社會、印尼文化與其表演藝術的知識，就像百科全書那樣齊全。她是這個學程裡唯一真正在東南亞居住過多年的

成員，不但是唯一的女性，也是唯一真正對藝術感興趣的人。

耶魯大學的東南亞學程規模較小，但卻擁有康乃爾比不上的優勢。他們的創建者卡爾·裴爾徹（Karl Pelzer）是移民美國的奧地利農業經濟學者，曾在殖民地印尼工作過，專門研究該殖民地廣袤的農場。不過耶魯的關鍵人物是出身捷克的猶太人哈瑞·班達（Harry Benda），可惜英年早逝。班達年輕時曾在戰前的爪哇從商，日本佔領期間被關入拘留營，差點死在營裡。一九四六年他被釋放後前往美國，在康乃爾大學寫了非常出色的博士論文，主題是大戰前和大戰時在印尼的日本人與穆斯林的關係。班達是卡欣的第一批學生，不過年紀稍長。這件事說明當年的學術圈流動性良好，哪怕班達的博士論文主題是關於政治學，也不妨礙他日後成為耶魯大學歷史系的教授。

裴爾徹和班達帶給耶魯大學的東南亞學程比較偏「歐洲」的文化和觀點，相形之下，康乃爾的東南亞學程就比較偏「美國」。不過兩所學校的距離開車可及，教職員彼此很友善，我抵達康乃爾的時候，兩校還輪流在夏天開艱難的語言課程。

我讀研究所的時候，四位影響我最深的老師恰好組成多元的性格、才華、興趣的絕妙搭配。霍特、班達和我一樣是歐洲人，醉心歷史與文化。班達天分很高，卻抱持十足懷疑論的人生觀，而且脾氣急躁。他努力在思考時「打破傳統」，雖然忠於美國，但從未真心認為美國是自己的歸宿。霍特對我而言非常特別，我經常去她家拜訪，向她請教藝術、舞蹈、考古學、爪哇的生活。有時候我們會一起高聲朗誦俄語詩歌。霍特完全不像學術界的人，她幫助我不要過度沉浸於學術文化當中。

　　卡欣和埃可斯這兩位是完美的美國紳士，善良、溫和，擁有高尚的道德情操，非常照顧學生。埃可斯帶領我認識現代印尼文化，影響我終身熱愛各種字典。一直到今天，在我的私人圖書室裡，我最喜愛的一個書架只放字典，滿滿都是形形色色的字典。每次我去圖書館裡以埃可斯命名的收藏區時，都會想到他的無私奉獻。卡欣塑造了我的政治觀，影響我的是他的進步政治學（progressive politics）、他在國內外致力追求正義的積極行動，以及他對真實差異的寬容。

　　夏爾普與卡欣都是才智過人的學術型政治人物，

他們看出美國大學各科系擁有力量，也比耶魯大學的裴爾徹與班達更明瞭：東南亞學程的長期成長與穩定，要靠這些科系在學識上和財務上整合新聘任的教職員。美國年輕教授獲聘後的最初六年是試用期，期間很容易就可能被解雇。到了第六年，也就是試用期的最後一年，就要接受密集的教學和出版記錄審查。假如審查過關，他們可以從助理教授升等成為副教授，並獲得終身教職，意思是除非作奸犯科或鬧出嚴重的性醜聞，否則學校不能解僱他們。

　　因此夏爾普—卡欣的策略涉及兩個階段。第一個階段是尋找有能力取得教職的年輕人才，對方需要具備有力的學科資格證明（通常各科系對東南亞的興趣沒那麼大），找到這樣的年輕人之後，東南亞學程會拿洛克菲勒和福特基金會的錢，支付這些年輕學者幾年薪水，而對方也了解，一旦從學科的觀點獲得績優評鑑，他們就會轉換到系上領取常規的薪水。第二個階段是確保這些年輕人在大學部教很多門課，而且所教的科目和東南亞毫無關係。以我來說，我教的科目包括「社會主義傳統」、「大英國協的政治」、「軍隊的政治角色」、「政治與文學」。這項作法需要投

入大量的工作，但是能保障東南亞學程不落入孤立境地或東方主義。有一點很關鍵：學程裡的每一位教授都應該擁有某個專業的扎實基礎，並且能夠教授東南亞之外的許多科目。

一九五〇年代一般人仍然很難了解這些目標，可是到了一九六〇年代，整個情勢起了巨大的改變。首先，俄羅斯將太空人送上太空的成就超越美國，這一來許多美國的政治有力人士和機構彷彿都聽到警鈴大作。這場羞辱有一部分來自美國大學的落後，還有一部分來自更廣的焦慮：韓戰、中國的毛澤東勢力崛起、中南半島危機升高、南亞發生戰爭、中東局勢不穩等等。大概從一九六〇年開始，大批資金以獎學金、語言課程等等形式湧入大學，康乃爾大學東南亞學程之類的區域學程破天荒接到國家撥付的大筆款項。

這項改變創造出學生之間明顯的半世代（semi-generational）斷斷。念研究所的時候，我和同學從頭到尾沒有拿過任何獎學金，我們靠給教授當助教、教大班課程打工賺學費。當時我們覺得理所當然，認為這對於未來是很好的練習，甚至還挺樂在其中。到了

一九六一年，研究生的人數明顯增加，大部分都有獎學金可拿，如果被迫教書（其實是為他們自己好），有一些研究生還會覺得惱怒。

到了一九六〇年代後半，越南的災難如烏雲蓋頂，大學部學生仍有接受徵召入伍的義務，再加上預期中南半島會打仗，掀起了以校園為基礎的強勢反戰運動，導致外界對東南亞的興趣暴增。突然之間，全國各地（包括幾乎所有重要大學在內）對東南亞相關課程的需求量陡增，大學行政單位勢必加以回應。各個學校廣開教職，博士畢業生只要學位和東南亞研究沾上一點邊，都不怕找不到好工作。

我極其幸運，在「新春攻勢」（Tet Offensive）[6]爆發前夕寫完論文。接下來的程序有違正常聘任規矩——需要有競爭人選、廣泛面試、杜絕任人唯親——我沒有經過任何面試、沒有任何外來人選競爭，旋即得到助理教授的職位。

雖然康乃爾東南亞學程招收大學部學生的壓力通常極大，不過學程仍然自認偏向研究生。正式要求並不是很嚴格，所有學生每一個學期都必須研究一種東南亞語言，如果對中南半島或印尼有興趣，老師也會

鼓勵他們學習法語或荷蘭語。所有學生至少必須參加兩次所謂的「國情研討會」（Country Seminars），以三年為期，東南亞學程會輪流在東南亞地區的主要國家舉辦研討會，通常有兩位老師教導，也會延請客座老師教導特定主題，理論上都會涵蓋密集的多領域研究，譬如緬甸的歷史、政治學、社會學、經濟學、人類學、宗教、國際關係，可能還涉及該國的藝術與文學。前往緬甸的學生會徹底沉浸在「緬甸研究」中，他們和專門研究其他國家的學生一樣，也要學習如何比較性思考。

除了語言課程和國情研討會之外，學生還要修一系列其他課程，這些課程往往被定義為具有比較性和泛東南亞的性質。舉例來說，「比較去殖民化」（Comparative Decolonization）、「東南亞山民部落」、「東南亞農村發展」、「東南亞共產主義」等等。東南亞研究的形式必須採取比較的架構，和專門研究單一國家的歐洲傳統截然不同。我很幸運得以經

6.　譯注：一九六八年一月底北越共軍對南越和美軍發動的大規模襲擊。

歷比較架構，它極深遠的影響我日後思考東南亞區域和全世界。

關於這個學程的教學，最後還有一個比較沒那麼結構化的部分，那就是邀請外國學者。有時候外國學者會受邀來康乃爾授課一整個學期，甚至一整年，通常是以客座研究人員的身分前來，有些是一日講者，受邀來參加教職員和學生每週舉行的自帶午餐會議。我記得有一次來訪的是西嶋重忠，真的令我大開眼界；在日本佔領印尼的最後幾天，他在當地的活動堪稱傳奇。據說西嶋重忠年輕時醉心於左翼意識形態，很同情印尼的民族主義分子。不過卡欣知道他如今已經是一家石油巨擘公司的代理人，因此覺得他是投機分子。西嶋重忠在那場自帶午餐會議上，口操連珠炮般的印尼語，他這個人有神祕莫測的名聲在外，果然名不虛傳。至於緬甸前總理吳努（U Nu）和柬埔寨國王施亞努（Norodom Sihanouk）的來訪，吸引人的程度也不遑多讓。

很多外國學生在經歷自己國家常見的威權式大學傳統之後，來到東南亞學程時，親身體驗教授和學生之間親密又民主的關係，都感到驚奇和欣喜。老師會

鼓勵參加研討會的學生表達自己的意見，學生拿回的作業上面都有老師詳細的批改和評論。外國學生在自己國家擔任教授研究計畫的非正式研究助理，有時會感覺遭到剝削，但是在這裡，外國學生從未有這種感覺。

我在學的時候，東南亞學程的學生背景非常多元（其實我畢業很久之後依然如此）。一九五〇年代時，東南亞所有國家起初或多或少是對外開放的，可是過了那段時期，緬甸關閉大門，和中南半島上的其他國家都對外隔絕很長一段時間。那時候印尼、菲律賓、新加坡都是獨裁政體，馬來西亞則行威權體制。一九六三年馬來西亞祕密煽動馬來人在吉隆坡發動反華暴力行動，卡欣特別希望密切接觸聰慧的東南亞年輕人，想辦法帶一大批人來康乃爾大學讀書。

因此在一九五〇年代末期，我有了來自緬甸、菲律賓、越南，特別是印尼的同學。對我們來說真是千載難逢的機會——可以藉此學習我們所感興趣的國家、建立友誼，以及挑戰自己過去的偏見。更甚者，康乃爾大學位在規模非常小的鎮上，意思是學生所有時間都聚在一起，不僅在教室和圖書館，也在商店、

酒吧、餐廳、本地的公園頻繁交流。我們很多人的公寓裡也住著東南亞學生，有時候甚至會在他們煮飯時學上幾招。

東南亞學程立意新穎、聲譽卓著，加上擁有不少財務資源，所以我們也擁有許多非東南亞籍的外國學生：英國、澳洲、法國、日本、荷蘭、加拿大、瑞士等等，處處感覺非常國際化。

最後，東南亞學程還有一支奇特的隊伍，這主要是拜卡欣所賜。卡欣本人是美國外交政策方面強勢且思慮周延的評論者，他喜歡解釋美國政策是出於單純的無知，才會那麼愚蠢和暴力，因此卡欣相信東南亞學程的任務之一是開導國家。當年他在華府有很廣的人脈，鼓勵國務院和國防部送那些內定派往東南亞、前途看好的年輕官員和軍官到康乃爾來，與普通研究生共同學習一、兩年。我很確定這支隊伍實實在在受到康乃爾經驗的影響，只不過程度遠不及卡辛所希望的那麼深刻。隨著時光流逝，尤其是在越戰期間，這批人的數量大減，最終幾乎完全消失了。

東南亞學程的年輕學子在畢業之後多年，依然保持親密的關係和牢固的凝聚力，我認為部分原因就是

大量背景混雜的學生在學期間朝夕相處建立了感情。正因為如此，「康乃爾黑手黨」（Cornell Mafia）的傳奇至今依然存在，後來設立的大部分東南亞研究中心所招收的學生絕大多數是美國籍，相較之下，康乃爾的確與眾不同。

儘管如此，我仍然要基於自己在康乃爾的經驗，批判美國的東南亞研究，原因有兩個，而且兩者關係密切。第一個原因是外界普遍認為康乃爾的東南亞學程是最優秀的，教師背景多元、素質突出，擁有最大的圖書館，教授最多種語言。第二個原因是一九六〇年代其他大學紛紛設立類似學程時，他們聘任的許多年輕教授都是康乃爾訓練出來的。既然如此，我們可以合理假定，對康乃爾的批判更有理由拿來批評諸多後起的競爭學程。

我的批評主要針對各學科之間明顯失衡。即使到了今天，除了少數優秀的人口學者之外，仍然很難找到任何東南亞社會學者。當代東南亞研究建立在兩大支柱上，那就是政治學和人類學，但兩者的知識興趣（intellectual interests）或共同方法論（common methodologies）都大相逕庭。長久以來，政治學關心

的是國家政治菁英，而人類學則注重鄉村和數目稀少的弱勢民族，兩者之間存在巨大的鴻溝。漢學家兼社會學者史金納（G. William Skinner）是重要的例外，他無法進入毛澤東時代的中國，對台灣也沒有興趣，於是透過書本研究暹羅和印尼的華人社群，其研究成果歷經半個世紀，至今依然極富價值。我不認為這項缺憾是康乃爾學程的錯，而是美國整個社會學界的錯，因為他們主要的興趣只在美國，而且仰賴統計方法，問題是東南亞國家數十年來都很難掌握可靠的統計數字，所以在研究該區域時想要利用統計方法，就變得困難重重。

第二項重要的失衡存在於社會科學和人文學科之間。這項失衡有一個顯著的背景因素，那就是「東南亞」這個概念本身暗示了排他共同性（exclusive communality），然而在現實中很難找到。東南亞有八個面積都不小的國家，各自信仰穆斯林教、佛教、天主教、儒－道教；十六世紀被西班牙殖民，十七世紀被荷蘭殖民，十九世紀被法國和英國殖民，二十世紀又被美國殖民，其中暹羅是英國的半殖民地（semi-colonized）。這些國家擁有豐富的文學，但使用的語

文互不相通，譬如緬甸語、孟語（Mon）、泰語、高棉語、越南語、塔加祿語、馬來語、爪哇語、古爪哇語、梵語、阿拉伯語，以及其他好幾種語言。上述的分歧和東亞、南亞對比，差別太大了——東亞只有三個國家，彼此有很多共同點，包括道德秩序、宗教觀、文類（literary genres）等等。東南亞和南亞的對比也很鮮明：南亞有四個國家，這些國家的宗教、經濟、古典文學彼此都有歷史悠久的聯繫，哪怕有時候彼此有敵意，也不影響這項事實。此外這四個國家都經歷同一個帝國強權的殖民。

假如「東南亞」這個約定俗成的概念不存在，那麼越南大可以併入東亞研究的範圍，因為它與中國的關係已經長達上千年。至於東南亞西部的其他多數地方，則大可與南亞連結在一起，因為該地區的本土文化基礎，本來就〔透過梵語和巴利語（Pali）〕深受印度南部和斯里蘭卡的影響。另外，菲律賓原可併入拉丁美洲研究。

康乃爾大學東南亞學程鼓勵許多學生「輔修」中國研究，因為東南亞幾乎每一個國家都有華人移民社區，可惜很少學生真正把華語學到精通。沒有人鼓勵

學生學習斯里蘭卡或印度，更別提中東了。我想不出東南亞學程有任何一個學生認真研究阿拉伯語或印地語。

有些學生對古典文學、古典音樂、古典造型藝術很感興趣，但是囿於「東南亞」的巨大異質性，即使是最聰明的學生也極難訓練得好。偉大的現代作曲家德布西（Claude Debussy）很仰慕一支彈奏甘美朗（gamelan）民族音樂的爪哇管絃樂團，他在自己的作曲生涯末期借用對方的音樂，使得甘美朗音樂廣受世人推崇。一九七〇年代，爪哇的音樂大師教出一批天賦過人的美國學生，他們後來在音樂系謀得教職，包括康乃爾大學的音樂系在內。不過相較之下，暹羅、越南、緬甸的音樂就沒有獲得同樣的重視。研究古典文學需要透徹了解梵語或古典漢語，而有這種技能的人，通常寧願去印度或中國留學。直到相當晚近，少數幾個教授東南亞藝術史的學系，仍然把教學重心放印尼、暹羅和越南。

但是過去十五年來，情況起了重大的改變。如今東南亞研究對古典領域的興趣少之又少，反倒對某些特殊種類藝術的現代性產生興趣，學者主要是透過美

國大眾藝術作為媒介，尤其是流行音樂、電影、文字或英文譯本，這一來就有可能教授相當新穎的課程（用英語上課），譬如「東南亞電影」、「東南亞流行文化」、「東南亞小說」、「當代東南亞藝術」等等。這項趨勢的代價是大量古典領域的知識逐漸流失了。

這種代價在歷史中也清晰可見。康乃爾大學長久以來都將東南亞歷史劃分成古代史（殖民之前）和現代史，負責古代史研究的是威嚴的英國籍東方學者奧利佛・沃爾特斯（Oliver Wolters）。如今東南亞歷史不再以時間來劃分，而是以地理劃分：大陸相對海島的現代史；同樣的模式在康乃爾之外的美國大多數東南亞學程也一樣明顯。此舉不禁讓人聯想到，如此劃分反映了美國人普遍關注的是那些以美國標準來看屬於當代、最近、流行、容易接觸的事物。所以，用那些標準來看，吉隆坡的摩托車幫派看似能夠理解，但峇里島的踏火儀式則無從理解，因為學術界已經不再追求踏火儀式那種知識了。

第二項批判性觀察源自我目前的身分──退休已久的老人。現在的學術趨勢把焦點鎖定某一個國家，

看起來有點像殖民時代晚期的模式。

　　一九五〇年代和六〇年代的東南亞研究最迷人之處，在於它當時是全新的領域，所以學生感覺自己像是調查未知社會與地域的探險家。美國的高中課本除了提到一點點菲律賓，以及二次大戰時在東南亞發生的戰事，其他關於東南亞地區的情況隻字未提。那段時間也是去殖民化時期，新國家紛紛建立，連帶促成民族主義領袖如蘇卡諾、吳努、胡志明揚名世界。可能是無法避免吧，我們幾乎全都深刻依附（close attachment）自己所選擇研究之國家的民族主義。這種依附心理也受到語言的影響，全世界只有印尼、暹羅、越南這幾個主要國家，是無法透過英語、法語認真研究的。我和研究印尼的友人都感到很自豪，因為我們是率先學會流利印尼語的學者，而我們那些能說流利泰語的同學也有同感。這種語言學的喜好使吾輩與「我們的國家」關係更加緊密。研究緬甸和馬來西亞的同學懂英文就能過關，研究菲律賓的同學可以只靠美語，而研究越南的同學能藉由法語和英語達成所願。然而一直等到很久以後，才找得到能說流利的塔加祿語、越南語、高棉語或緬甸語的年輕學者。

對「我們的國家」懷抱情緒依附心理也形成政治效應，我們當時並未清楚意識到這一點。普遍來說，我和研究印尼的同志們或多或少都屬於政治立場左傾，因為當時是印尼革命之後蘇卡諾執政時期，政治氣氛便是如此（或者說我們是因為左翼政治才受到印尼的吸引？），前往泰國的學生在政治上就保守很多，因為那裡「唯一選擇」就是保守的軍方—君主支配（military-monarchical domination）。這項分歧後來在越戰高峰時產生了嚴重後果，當時幾乎所有研究印尼或越南的學者都強烈反戰，反觀研究泰國的學者最早是支持開戰的。東南亞研究學程的教職員之間慢慢出現立場兩極化的現象，嚴重打擊學程的士氣，之後又持續了好些年。我應該再補充一點：除了語言問題構成障礙之外，我們對於自己研究的個別國家產生情緒依附心理，結果是心理上非常難再去研究任何別的國家。

　　在此我必須說，我欠暴君蘇哈托將軍（General Suharto）一份奇怪的人情。一九七二年蘇哈托將我逐出印尼，直到他在一九九八年下台才解除不許我入境的禁令。因為這個原因，我不得不轉個方向，

在一九七四年到一九八六年間主要研究泰國，從一九八八年到目前都在研究菲律賓。我很感謝他強迫我超越「單一國家」的觀點，如果當年沒有被驅逐出境，我大概永遠寫不出《想像的共同體》那本書。可是我的情況極其特殊，直到最近都屬於獨特的案例，唯一的例外是耶魯大學的詹姆斯・史考特（James Scott），因為緬甸軍政府禁止所有對該國感興趣的外國學者入境，迫使史考特不得不改而研究馬來西亞。

　　到了一九六〇年代，康乃爾和耶魯的東南亞學程已經不再獨特，不過在校友的協助下，學程的畢業生在美國和海外都能找到工作，所以兩校在這方面的影響力依然強大。隨著時間推移，多所大型大學也設立類似的學程，包括位在柏克萊、洛杉磯、西雅圖、檀香山、麥迪遜（Madison）、安納保（Ann Arbor）的知名大學在內。康乃爾大學的日本學生，例如已故的永積昭、後藤健一、加藤剛、白石愛子、白石隆等人，挑起了日本學者研究東南亞的復興與改造重任，尤其是印尼的研究。康乃爾過去的澳洲學生在已故的賀伯特・費斯（Herbert Feith）領導下，建立一個以康乃爾模型為基礎的東南亞學程，到了一九七〇年代

末期和一九八〇年代，又由一群美國人加以完善（這部分稍後會再討論）。在倫敦方面，著名的倫敦大學亞非學院（School of Oriental and African Studies）開始擺脫殖民的過往，拓展教學領域，研究目標不再僅限於以前的英國殖民地，我那聰慧的學姊露絲·麥珂薇（Ruth McVey）在該過程中扮演了決定性的角色。至於法國、荷蘭、德國、北歐也都朝相同方向邁進。這意謂「東南亞研究」逐漸國際化，只不過各地方有不同的傳統和專攻項目。還有一點應該補充：這個過程中，幾乎所有東南亞研究學程的女學生都大幅增加，後來女教授的人數也明顯多了起來。

美國的東南亞研究歷史比其他任何國家都更戲劇化，原因出於這個國家的世界性強權、野心和恐懼。為何美國在一九四〇年代末期和一九五〇年代初期，就在東南亞研究方面拔得頭籌？原因之一是東南亞這個地區與中國接壤，而一九四九年底毛澤東奪下中國政權，有效將西方驅逐出境。不過在同一個時期，東南亞有一方面堪稱舉世獨一無二，那就是幾乎每個國家都見證本地共產黨強力且迅速崛起，往往還具備武裝實力。毫無疑問，東南亞之所以發生這個特異現

象，和過去短暫但關鍵的「日本時期」密不可分。日本人不僅摧毀東南亞地區所有的殖民政權，羞辱、監禁「白人」殖民地居民，更鼓勵這些國家認同亞洲。另外，出於自私的理由，日本人也動員本地百姓參戰，訓練並武裝本土援軍，大舉摧毀戰前的經濟。日軍的殘暴行為和經濟勒索逐漸使得被動員的百姓轉而反抗日本，投向左派。後來廣島和長崎遭到原子彈攻擊，日本驟然戰敗，東南亞出現的權力真空有利於左派興起，因為他們在戰時並未和日本帝國的軍隊合作。世界上其他地區都沒有發生這種情況。

面對這項趨勢，美國採取積極的對抗行動，建立東南亞公約組織（Southeast Asia Treaty Organization，即 SEATO），公開或隱密的干預緬甸、中南半島、印尼、菲律賓甚至暹羅。美國的東南亞焦慮在一九六〇年代暴增，原因是慘烈的越戰，戰況後來還蔓延到寮國和柬埔寨。諷刺的是，研究東南亞的學者大部分都反對這場戰爭，但也因為這場戰爭，東南亞學程的風潮才在全美各地興起，並獲得大量資金贊助。然而美國在一九七五到七六年間戰敗之後，民間興起普遍的厭惡心態，接下來很長一段時

間，絕大多數人都不願想起東南亞。來自國家和民間的財務支援開始枯竭，有些優秀的東南亞區域研究生很倒楣，剛好在一九七○年代末期和一九八○年代初期念完博士，沒想到卻很難在美國學術界找到工作，於是很多人移居澳洲、英國、紐西蘭或加拿大，其他則被迫投入公職、外交使團、聯合國機構、大公司，甚至加入中央情報局。此外，不僅是越南、寮國和柬埔寨完全拒絕美國研究人員入境，甚至緬甸也不例外。東南亞學程的入學人數下降，而碩士班和博士班的新生則變得比較不重視學術事業，反而對實務訓練比較感興趣，例如醫療專業、開發援助等等。說起來一直到到一九八○年代東南亞崛起 —— 其實為期短暫，而且僅有少數地方 —— 躍升為新興工業化小虎經濟體（延續日本、韓國和台灣的前例），東南亞研究才真正捲土重來。在政治學的領域中，「政治經濟學」乃成為最風靡的顯學。

和其他的區域研究相比，東南亞研究因為非常新，所以遭受一個嚴重的結構性問題威脅，直到最近才解決了。一九八○年代，當初創立這門研究的一小批學者開始退休了，他們任教的大學往往決定不補

缺，而是投資其他的領域和專門項目。更重要的是，研究東南亞的大量學術專家都是在越戰和經濟擴張（Great Boom）時期受聘，年紀非常輕。這一個世代大部分要到接近二十世紀終了才會開始退休，結果就造成了某種「失落的世代」——資歷、背景優秀的年輕人找不到本來應得的工作，因為現有的學術界很奇特，年齡結構呈頭重腳輕的倒金字塔形（在歷史悠久的學科領域中，研究人員的年齡結構是正常的金字塔形，問題就不大），因此一九九〇年代初期，東南亞學程有個普遍現象，就是上有聲名顯赫的老教授，下有傑出的年輕教師，但介於兩者之間的教職員則十分稀少。

本章主要講述全球政治與經濟變革，大型機構與架構，以及和康乃爾大學東南亞學程的發展相關的教育政策。這一章的宗旨是提供第一章和第三章之間的連結，第三章要講的是我在東南亞不同地方從事田野調查的經驗。在此讓我以一些個人的回憶為本章做個結論。

一開始我感到非常迷惘。康乃爾政府系不僅期待

我教大學部學生比較政治學、美國政治學（美國的情況顯然無從比較！）、政治理論（這個我一竅不通），而且還要我自己選修這些領域的研究生課程。我那時真的是個「新生兒」，只有二十一歲，極度無知，全然不解任何東南亞語言。然而學生的團結力量強大得令人咋舌，他們名為學長學姐，其實真的就像親生兄姊一樣，耐心教我、引導我、調侃我，為士氣低落的我打氣。我們無時無刻不在一起：教室、圖書館，當然還有酒吧。回顧過往，我明白自己從同學那裡學到的知識，和從老師那裡學到的一樣多，畢竟我通常只能在教室或辦公室見到老師，他們非常和藹，可是也極為忙碌，我不想打擾他們。

可是東南亞學程很不一樣，因為卡欣出了個英明的點子，他跟熟稔的校長開口，請校長提供廢棄的學生兄弟會（fraternity）的屋舍，作為卡欣剛創建的康乃爾現代印尼學程（Cornell Modern Indonesia Project）辦公室用地。然後卡欣找了一些學生在屋子裡架起鋼柱，支撐下垂的樓板。他在樓下為自己留了一間辦公室，但是把整棟三層樓房的其餘空間全部交給學程的高年級學生，不管是不是研究印尼的都

行，自帶午餐會議也是在此舉行。這棟破破爛爛的建築變成了傳奇的「西方大道一〇二號」（102 West Avenue），居然撐到一九八〇年代才被拆除，改建成停車場。所以我們有了自己的樓房，不論在社交上或心理上都非常重要。

我到康乃爾的時候，卡欣組織手下的一批高年級生編撰一本書，由他擔任編輯，書名是《東南亞的政府與政治》（*Governments and Politics of Southeast Asia*），開出版此類書籍之先河。如此這般，我這個「新生兒安德森」在樓房裡花大把時間和別人閒聊，天天都和學長接觸，其中有一些剛剛從越南、緬甸、菲律賓、印尼回來，揣著滿肚子精彩的故事急著想和大家分享。不過樓房裡的核心團體是研究印尼的學者，包括費斯、約翰・施梅爾（John Smail）、麥珂薇、丹恩・雷夫（Dan Lev），以及印尼的日惹蘇丹（sultan of Jogjakarta）的祕書謝洛・索爾瑪金（Selo Soemardjan），他已經是中年人，睿智、善心且極為友善。麥珂薇在這幫人裡鶴立雞群，不只因為她聰明又博學──麥珂薇原先是研究蘇聯的學者，俄語說得很流利──而且因為她是女性。當年東南亞學程

的成員中有九成是男性。人人都很照顧我這個「新生兒」。

　　我的知性生活中還有一個層面是今人難以想像的——當時鮮少以英語書寫的關於東南亞的高品質讀物（我一直到去印尼之後才學會閱讀荷蘭文），當然，我們已經有了上文提到的卡欣所編輯的巨作以及班達的著作。一九六〇年，人類學者吉爾茲（Clifford Geertz）出版他最出色的著作《爪哇的宗教》（*The Religion of Java*），以及篇幅較短的作品。卡欣和班達對印尼都不是特別感興趣，爪哇語也一竅不通。可是吉爾茲卻強力打開我的「文化」視野，爪哇文化和我的歐洲「文化教育」就此連結上了。另外還有史金納對暹羅和印尼華人社群的研究。關於獨立後的緬甸、馬來西亞、越南、柬埔寨，除了寥寥可數的零星文章，幾乎不見一流的研究成果。舉例來說，即使我們想要研究印尼政治，也很難找到有用的以英語書寫的研究，結果只好落到和人類學者一樣的處境，必須仰賴自己的好奇心、觀察力和日常聊天，研究大致上仍然未知的事物。正因為如此，我畢生保持閱讀人類學著作的習慣，而且受到這門學問極大的影響。

在此同時，我在埃可思和兩位印尼學生的監督下修習印尼語的課程，我很喜歡這門課，因為能夠學習亞洲語言而感到非常開心，這種語言的規則和發音在「我的歐洲」根本不存在！當時我不曉得後來會有意外的發現：在教室學了三年的語言，學到的東西遠不如身處國外半年、每天沉浸式生活的收穫。

一九六一年初，卡欣堅持要我提論文計畫，見我猶豫不決，他說：「不如你去研究日本佔領對印尼社會與政治的衝擊？」我知道他在打什麼算盤，他寫的《印尼的民族主義與革命》裡唯一比較弱的那一章，就是關於日本佔領的，因為他在寫論文的時候，還沒有人發表關於那個時期的研究成果，卡欣只好靠訪談獲取主要資料。所以我心想，這樣也好。反正日本佔領只維持了三年半，我一定可以搞定！除此之外，我從青少年時期就一直對日本抱持（膚淺的）興趣。我和母親經常為了這個爭吵——她強烈親中反日，而迷戀《源氏物語》又正值青春叛逆期的我，當然要堅持主張日本比中國有意思多了。

Fieldwork

# 三、田野調查

對大部分學者來說，第一次田野調查的經驗至關緊要。有了第一次的經驗之後，往後當事人再也不會有同等震撼、奇異、興奮的感覺。我在後來的事業生涯中花很多年的時間研究泰國和菲律賓，並且親身住在當地，這兩個國家都令我陶醉，也是我的所愛。然而，我的初戀是印尼，雖然能說、能讀泰語和塔加祿語，不過印尼語才是我的第二語言，也是唯一能流利書寫的東南亞語言，使用時每每帶給我極大的愉悅，至今我偶爾還會用印尼語作夢。

　　一九六一年十二月底我初抵雅加達，一九六四年四月離開。飛機在黑夜中降落，當地雨季早已開始，我搭計程車進城時，窗戶全部敞開，那趟旅程至今在我的記憶中依然異常鮮明。我感受到的第一個衝擊是氣味──清新的草木、尿味、焚香、冒煙的油燈、修車場，最突出的是街邊林立的小吃攤散發的食物香氣。

　　學長雷夫在回綺色佳之前已經先替我安排好住處，房東是最高法院某位法官的遺孀，為人熱情好客、和藹可親。她住在一棟舒適的大房子裡，房子位在「高級」街區的尾端，那條街是以爪哇民族英雄蒂博尼哥羅王子（Prince Diponegoro）的名字命名的。

房東和兩個成年子女住在一起，還僱了一個廚子、一個女傭，和一個身兼園丁和跑腿工的男孩子。

蒂博尼哥羅王子的故事發生在十九世紀初期，當時拿破崙攻下荷蘭，將其併入法國，英國決定奪下荷屬東印度（Dutch East Indies）[7]，一八一一年到一八一六年，英國東印度公司（East India Company）的代理人史丹佛‧萊佛士（Stamford Raffles）統治爪哇。拿破崙戰爭終於結束後，英國將爪哇歸還荷蘭，而荷蘭則把好望角（Cape）與錫蘭（Ceylon）的控制權交給英國作交換。荷蘭的財政被拿破崙的大陸封鎖（Continental System）摧毀，致使荷蘭政府在東印度的勢力趨弱。小國日惹（Jogjakarta kingdom）的蒂博尼哥羅王子趁機發動叛變，組建大軍在一八二五年至一八三〇年間對抗荷蘭。後來他戰敗遭到放逐時，曾寫下自己的目標是「征服爪哇」，如今爪哇人大概都不知道這樁事實。

我抵達雅加達的隔天，已故的王鶴咸（Ong Hok

<hr />

7. 譯注：荷屬東印度指的是一八〇〇年至一九四九年荷蘭人所殖民的印尼。

Ham）來看我。研究印尼的學者都知道王鶴咸的大名，當時他還在印尼大學的歷史系讀書，但已經擔任史金納的研究助理。王鶴咸邀請我和他的三個爪哇同學一起出去玩，他們都住在印尼大學拉瓦曼萬（Rawamangun）老校區的男生宿舍裡。本來我自以為印尼語說得不錯，沒想到幻想這麼快就破滅，但是他們懂的英語也很有限，所以我們聯合起來努力搞懂對方的意思。王鶴咸已經跟他們解釋過，雖然我在美國讀大學，但其實是愛爾蘭人。此舉幫了我很大的忙，因為他們知道愛爾蘭為了爭取獨立曾經挺身奮戰，而他們和當時大多數印尼民族主義分子一樣，對美國人心存疑慮。

他們請我吃了一頓美味的便餐，卻故意不警告我要當心那些小小的綠色或紅色鳥眼椒（tjabe rawit），它們辣得像在舌頭上放了一把火。我極力表現勇敢，沒有把辣椒吐出來，他們都對我刮目相看。接著又開始下起傾盆大雨，王鶴咸說這種天我不可能回住處了，當時又沒有電話可打，所以最好和他的朋友一起去宿舍打發一夜。他們拿了一條小毛巾和一條多餘的紗籠（sarong）給我，告訴我怎麼使用印尼式浴室。

我穿上紗籠，簡直如魚得水，雖然蚊子多得要命，我還是倒頭呼呼大睡。

翌日早晨我回到「家」，基於自己到印尼的第二個晚上就外宿，而且沒有事先知會房東，便含糊其辭的向她道歉。不過房東根本不當一回事，她說季風就是這樣，誰都可能在任何地方受困，而且男孩子都是這樣的。這是我第一次經歷的「文化震撼」，用我的歐洲標準來說，我覺得自己的行為很粗魯，可是房東完全不以為意。後來我慢慢明白印尼社會對待未婚男性和未婚女性的方式天差地遠：年輕男子可以隨心所欲做自己想做的事，但年輕女子則受到嚴密監督和保護，盡可能足不出戶。

第二個震撼不太一樣，卻令我樂不可支。我住的房子對面有一塊三角荒地，布滿了野草和泥巴，每天下午總有一群鄉村小男孩聚在那裡踢足球，他們的年紀在八歲到十二歲之間。男孩們先擲銅板決定輸贏，輸的那一隊面無表情的脫掉短褲（裡面啥也沒穿），這就是兩隊分辨敵我的辦法。荒地上當然沒有球門，可是他們同時帶來四個小弟弟、小妹妹，全都趴在地上還不會走路呢，就被哥哥們小心翼翼地用來充當移

動式球門柱。

這就是我初識普通印尼兒童的兩個生活層面。第一層是印尼男童在青春期之前,可以自在的裸露身體,這一點在愛爾蘭或美國都是無法想像的。第二層是手足關係相當親密,印尼兒童從幼年就開始幫忙照顧弟妹,也很尊敬、服從兄姊。我的房東解釋這個習俗:身為兄姊,你必須容讓弟妹,給他們想要的東西,愛他們、保護他們;身為弟妹,你必須聽從兄姊的話,做他們交代的事情。這聽起來很矛盾,但卻很有效,我在印尼時很少見到同一個家庭裡的小孩打架,這和我自己的經驗剛好相反 —— 去伊頓公學讀書之前,我和弟弟羅瑞一天到晚打架,令母親十分氣惱。

第三個震撼是第一次接觸瘋子。有一天我走路穿過擁擠的市場,忽然注意到有一大群嘻笑、尖叫的小男孩圍著一個奇怪的人。那是個全身赤裸的婦人,身上很髒,頭髮很長,糾纏的亂髮垂至臀部。市場裡大多數的人對她視若無睹,有些心情好的會給她一點吃的。我跟一個攤販打聽她是誰,攤販說:「可憐人!被男人傷了心,就瘋了。她爸媽想給她穿衣服,全被她扯掉了。」後來我也遇到過男瘋子,同樣一身赤裸

和骯髒，人們的講法也大同小異。我開始深思此事，也許這些不妨礙別人的可憐人，比歐洲和美國的瘋子待遇好，當時歐洲和美國的瘋子都會被關進孤立的瘋人院好多年。反觀在此地，他們高興去哪裡就去哪裡，而社會上的人會隨手餵養他們。

我眼前立即遭逢的困難是語言。我很快就弄懂了，在康乃爾學的印尼語是教科書上的東西，只有在正式場合才會使用。新交的朋友嘲笑我結結巴巴的樣子，我講的話小朋友一個字也聽不懂，這樣過了三個月，我真的很挫折，覺得自己毫無進步。後來我才明白，這就像是學騎腳踏車：開始的時候一直摔車，然後在神奇的某一天，你突然就會騎了，甚至不握把手也能開始騎車。到了第四個月，我發現自己張嘴就能毫不遲疑的說出流利的印尼語，高興得差點哭出來，現在我可以用印尼語訪談了。我這個人不容易臉紅，可是有一次訪談一位老婦人時，她說：「我看你已經會完美使用『然而』（padahal）這個詞了，可見你是用印尼語在思考的。」我一聽忍不住開心的紅了臉。然而困難可不止於此。

我的房東和她同世代受過教育的許多人一樣，是

使用荷蘭語和子女、朋友說話，如果碰到不想讓我聽懂的時候，也是講荷蘭語。這和我爸媽很像，他們不想要我們小孩子聽懂的時候，就會講法語。我在康乃爾的時候，荷蘭語還沒有納入常規課程，所以我是自學這個語言，儘管不會說，但是我會讀也聽得懂荷蘭語。其實沒有那麼難，因為我懂一些德語，德語就是困難版的荷蘭語。不過多年之後我在學習西班牙語時，又如法炮製當年學荷蘭語的方法。那時候我找來一本開本很大、很困難但又很迷人的書，逐字逐句磕磕絆絆的讀，手邊還放了一本大字典。

我選的那本書影響我至深，遠超過其他任何關於印尼的書籍。那是琵侯寫的《爪哇的民俗表演》（*Javaanse Volksvertoningen*），於一九三〇年代出版，內容包羅萬象，簡直像百科全書似的。琵侯不是好人，他嫉妒斯達特海姆的聲望（斯達特海姆就是霍特那個優秀的愛人），企圖以「行為不道德」的理由將霍特驅逐出殖民地。不過琵侯確實是很傑出的學者，這本書的書名沒有充分涵蓋其內容，因為作者收納非常龐大的比較資料，討論爪哇人民的近鄰巽他族（Sundanese）、馬都拉族（Madurese）、峇里族

（Balinese）。書中包含數量令人瞠目結舌的彙整資料，有民間故事、傳奇、面具與面具舞、靈媒、魁儡戲、配備演員和小丑的巡迴劇團。這本書為我揭露了皇宮之外的傳統爪哇文化，竟然那麼有深度，那麼複雜。更棒的是，琵侯將當地每一地區所有的變異、古怪、專門之處，都按圖索驥標示出來。先前在康乃爾所學的東西，一點兒也沒有幫我作好準備。

透過這本書，我第二次陷入愛河，不過這次是愛上「爪哇」，而不是印尼。這裡爪哇標示引號的原因是，「我的」爪哇甚至不是完整的。根據官方數據，百分之九十的爪哇人是穆斯林[8]，意謂小男孩都要行割禮（割包皮），依循穆斯林儀式嫁娶和埋葬。然而島上曾經盛行印度教─佛教，殘餘影響力依舊強勁，尤其在爪哇島內陸和南邊更是如此。此外還有人民長期信奉不墜的薩滿教、泛靈論、神祕主義，同樣勢力強大。人們會跟我談穆斯林分紅、白派的事，「白派」指的是虔誠的穆斯林，而「紅派」名義上是穆斯

---

8. 譯注：Muslim，回教徒或伊斯蘭教徒。

林，但基本上是傳統爪哇人，他們說這兩派往往非常敵視對方。雖然我認識很多虔誠的穆斯林，也很愛去傳統清真寺，可是「我的」爪哇絕對屬於「紅派」。後來很多學者因為這項偏見而批評我，他們是對的。

儘管爪哇語和我的博士論文題目不相干，我還是去上波爾巴扎拉卡（Poerbatjaraka）教授的課，向他學習優雅的爪哇語，他是西方培養出來的第一位傑出爪哇學者。我第一次拜見波爾巴扎拉卡教授，是在他樸素的小房子裡。我注意到屋裡有一面白色灰泥牆壁上貼著他的研究作品，紙上竟然布滿鮮紅潑墨，彷彿此地曾經發生過恐怖的謀殺案。短短幾分鐘內我便恍然大悟——在教授和氣的閒聊間，我瞧見他僅剩的幾顆牙齒是鮮紅色的，過了一會兒，他突然對著牆壁吐了好大一口紅色唾沫。原來教授當時嘴裡嚼著古老的東南亞興奮劑，也就是混了石灰的檳榔汁。

不久後我開始私下跟波爾巴扎拉卡的弟弟寇德拉特先生（Pak Kodrat）上課，學習爪哇音樂，他那一輩有兩位最優秀的音樂家，而寇德拉特是其中之一。不知不覺間，他透過真實生活而非書本，引導我認識

了爪哇文化和語言的複雜性。我習慣用印尼語和他說話，以「先生」（Pak）尊稱他，這是稱呼年長男子的敬稱。不過他顯然不曉得該怎麼稱呼我，因為他是用爪哇語思考，爪哇年輕人不會叫大人的名諱，寇德拉特的年紀足夠當我祖父了，所以他大可叫我（也應該叫我）「孩子」（anak 或 nak），如果那樣我一定會很開心，因為我真的非常敬重他。問題是在他的眼裡，我是「白人」，受過高等教育，還付錢請他教課。後來寇德拉特明白我真的很喜愛他，他也喜歡我，所以開始稱呼我「少爺」（putro），這個字眼的本意是兒子，在高層（封建）爪哇語中，階級較低的老人用它來稱呼貴族的兒子。我很討厭這個字眼，可是年長的老師堅持不肯改口。

除此之外，我花很多時間觀賞表演，像是爪哇音樂、皮影戲、面具舞、靈媒等等，不停在爪哇各地跑來跑去。我之所以能夠做這一切，能夠進行我的研究，（對我來說）實在都是因為幸運之神眷顧。我因為要去印尼而得到一小筆獎金，理論上應該能支持我在印尼生活一年半，這段時間短得可笑，根本不足以完成任何重要的田野調查，遑論精通當地語言。可是

一九六二年印尼遭逢劇烈的通貨膨脹，每個月的情況都比上個月更嚴峻，不過美元仍是穩定與受重視的貨幣，當時所有外國人都利用黑市匯率換錢，我就是靠這個辦法用那一筆錢在印尼撐了兩年半。延長停留時間減輕了卡欣對我研究進度的擔心，我通常會嘗試向他通報當前的政治情勢，一邊不忘追求自己對爪哇的迷戀。

我對印尼的研究有一大部分轉向政治與文化之間的關係，這對於我這個世代來說是挺奇怪的，畢竟同學和好友主要的興趣都是民主、法律、共產主義、憲法、經濟變革等等。大部分人類學者追隨吉爾茲的腳步，對當地文化感興趣，不過都是從人類學的角度出發（社會規範、傳統等議題），不太關心政治。我在印尼的時間將我直接的、情緒的連結到當地人，故而奠定「文化主義者」（culturalist）這一脈絡的基礎，日後將出現在《想像的共同體》一書中。

關於博士論文，我把自己的時間和精力分成兩部分，一部分分給國立博物館，另一部分則進行五花八門的訪談。國立博物館蒐集數目龐大的報紙和雜誌，最早是一九四〇年代出版的，很多都被蟲蛀了。我

在博物館的收藏中找到殖民後期、日本佔領時期、革命時期的雜誌，其中一本叫做《新爪哇》（*Djawa Baroe*），這是日本軍政府宣傳部的主要喉舌，基於文宣的本質，自然充斥了荒唐的謊言。可是這本雜誌真的好美呀，也許是印尼有史以來最美麗的雜誌。

印尼在荷蘭統治之下從來沒有發生過這種事。《新爪哇》雜誌最奇怪的一點是日本人呈現自己的方式：一方面有英俊瀟灑的日本空軍飛行員和軍機合影，以及富士山和櫻花的浪漫照片，另一方面則有日本將軍（包括東條英機在內）滿面肅容的嚇人照片，照中人戴眼鏡，蓄可笑的髭鬚，頭戴軟趴趴的醜帽子，身穿鬆垮的陸軍制服。

話雖如此，照片是真的很有藝術價值，反映了印尼和印尼人民的美：許許多多可愛的照片——兒童在嬉戲、婦女在稻田裡務農、穆斯林在祈禱，還有穿薄布短褲的爪哇青年在練習如何持竹茅打仗的鏡頭。那些照片讓我想起日本印刷品，也讓我明白：雖然殖民地每天上演各種殘酷暴行，但印尼人和日本人之間存在吸引力的真正要素是什麼。我訪談過的人常常對我說，根據他們在日本佔領期間的經驗，日本人比荷蘭

人好；儘管兩者都很傲慢，可是日本人也能表現得很有禮貌。這樣的雙重面貌顯然令印尼人感到迷惑。外界往往認定印尼人之所以默默忍受日軍佔領，只是為了追求印尼未來能夠獨立，可是我察覺到印尼人一定對日本人懷有某種喜愛和親近的傾向。雜誌的內容包含印尼語和日語，也算是精神糧食：日本帝國主義分子的憤世嫉俗，加上情真意切的泛亞洲團結思想，實在是怪異的組合。

我的田野調查最愉快的一部分是訪談。當年雅加達仍是規模相當小的前殖民地首都，街坊鄰里區隔鮮明，通常根據族裔來區分。街上汽車和公車都不多，沒有天橋，也沒有收費公路。三輪人力車是最普遍的交通工具，乘客坐前面，車夫坐在後面。人人都搭三輪車，甚至社會地位高的人也不例外（至少短途出行時如此），即使最繁忙的街區也容許三輪車行駛。直到蘇哈托時代早期，討人厭的雅加達省長阿里・沙迪京（Ali Sadikin）開始下禁令，越來越多街道都不允許行駛三輪車，藉此為官員和有錢有車的中產階級開道。我買了一輛小小的偉士牌（Vespa）機車，很快就熟悉首都的大街小巷，心裡覺得這裡是「我的

城」。

城裡的外國人極少，這裡也是相當「民主」的首都，戰前民族主義運動的一條基本訊息是公民平等，以採用單一通用語作為象徵。他們主張以馬來語為基礎，用這個語言做為跨民族的商業交易語言，如此將可成為未來的國家語言（national language）。這項選擇有一個巨大的優點，因為這樣的語言本質符合平等主義，也不屬於單一的主要民族語言群體（ethno-linguistic group）。

一九四五年到一九四九年的革命是追求社會平等的行動，也是對封建傳統的猛攻，過程中大幅加強平等主義的推進力。革命時期的熱門稱謂「兄弟」（bung），在同年齡的男性之間依然廣為使用。印尼少有富人，一九五七年荷蘭人終於被趕走時，印尼高官二話不說接收了門騰（Menteng）一帶最豪華的房子。

我住的附近有一條街就能看到這種平等主義的跡兆；天黑之後，人行道上忽然擠滿了下棋的人。他們（全是男性）來自社會各個階層，商人和辦事員下棋，高官和三輪車伕下棋，什麼人都有。我經常加入

他們的行列，與其說是為了下棋，不如說是找機會在下棋時非正式訪談我「質疑」的對象。在蘇哈托政權下，這種平等主義消失了，不過在它仍然存在時，是我發現新事物的管道。

我的少年歲月大部分時間都住在階級森然、社會等級分明的英國，只要聽聽一個人的口音，就能立刻分辨對方屬於哪個階級。社會上勢利眼很普遍，貴族階層、上流階層、中上與中下階層、勞工階層的文化涇渭分明。愛爾蘭的情況沒有這麼糟糕，可是階級結構對於文化和日常生活依然構成深遠的影響。正因為如此，在我眼裡印尼簡直是某種社交天堂，我可以完全不帶自我意識，愉快的和幾乎所有人攀談──內閣閣員、公車司機、軍官、女傭、生意人、服務生、學校教師、易裝賣淫者、小混混、政治人物。我很快就發現，最坦然、最有趣的受訪者是普通人，而不是地位逐漸抬頭的菁英分子。

一九五七年到一九六三年五月，印尼實施戒嚴法；沒有選舉，新聞界受到部分審查，不過還有一小撮政治犯，日子過得相當舒服。然而當時整個國家嚴重分裂，有時候氣氛很緊張。在此同時，我能夠和整

個政治光譜上的人對話——共產黨員、社會主義分子、民族主義分子（包括左派和右派）、不同類的穆斯林（包括因武裝叛變入監剛剛出獄者）、華人、軍警、本土保皇派、年紀大的官僚。我告訴他們我在研究過去的日本時期和革命早期，在幾乎所有人的腦海裡，相關議題都還記憶猶新。

我在這過程中經歷許多奇怪的事，最奇怪的一次是訪談兩兄弟，哥哥是共產黨政治局的一員，弟弟則是陸軍情報單位頭子（這在「西方」根本無法想像），哥哥沙齊爾曼（Sakierman）是個工程師，個子又矮又胖，革命期間在中爪哇率領一支很有人氣的左翼武裝民兵。他剛開始對我有一點疑心，但很快就明白我是真正對他的政治年少時期感興趣，於是變得熱心起來，向我吐露許多訊息。弟弟帕爾曼將軍（General Parman）和哥哥長得很像，但兩人的觀點大不相同。有一次我去他家拜訪，想和他約個時間訪談，到了那裡我目瞪口呆的發現他在自家車庫裡歡天喜地玩著昂貴的玩具火車系統，簡直像個十歲的孩子。帕爾曼跟我約好當天晚上來接我。

晚上他開一輛老福斯（Volkswagen）汽車前來，

車窗玻璃是深色的。帕爾曼護送我到丹那阿邦區（Tanah Abang）的某個地方，後來我才知道那裡是情報單位的安全藏身處，從外表看就是一間破舊的倉庫。我們一開始交談，我就明白他以為我是美國中央情報局派來的，因為他誇口說自己在共產黨內部安插了很厲害的間諜，政治局一旦做成什麼決定，幾個小時內他就曉得了。過了好一會兒帕爾曼才弄清楚我是學生，不是間諜，然後他就開始講自己早年在「兵補」（Heiho）從軍的經驗，兵補是日本占領軍的附隨組織，有時被派去太平洋地區作戰，但更常充當建設防禦工事的苦力。帕爾曼似乎挺樂在其中。

後來我有一些訪談對象提供很豐富的訊息，他們是受過日本軍隊訓練的印尼士兵，有些是正規軍，有些是游擊軍（萬一聯軍抵達可以配合），還有些是情報人員。所有這些訪談對象都極為尊敬訓練他們的日本人，可是卻又徹底反對日軍佔領這件事，理由當然是民族主義。多年之後我讀到某位將軍寫的一本滑稽的回憶錄，他說關於當年的訓練，他只討厭一件事，那就是公共廁所。廁所利用向下流動的山溪沖走排泄物，但是日本人堅持在上游解手，所以他說日本人的

臭「香腸」（sosis）漂浮在水上，流到印尼人上廁所的山溪下游。

打從一開始，關於種族的疑問是唯一困擾我的事。我從來沒有想過自己是「白人」，可是在這個近期才從殖民主義解放出來的社會裡，我發現自己太常被尊稱為「主人」（Tuan），這是荷蘭殖民者過去堅持當地人對他們的尊稱，但我只是個無關緊要的外國學生，純粹因為膚色就被尊稱為「主子」，有些人為此感到很尷尬。此事很快就促成我對印尼語言做了一個微小但長遠的貢獻。我瞧瞧自己的皮膚，並不是白色，而是粉紅透灰，我知道這顏色接近罹患白化病動物的膚色（譬如水牛、母牛、大象），印尼人稱那種顏色為「布利」（bulé），而非白色（putih）。所以我告訴年輕友人，看起來像我的這種人應該稱為「布利」，而非白人。他們很喜愛這個主意，便散播給自己認識的其他學生，於是這個字眼逐漸受到報紙、雜誌採用，最後演變成印尼日常用語的一部分，從此外國人就成了「布利」。

十幾年後，一位澳洲「白人」同事寫來的一封信讓我忍俊不禁。他並不知道這段往事，在信中抱怨印

尼人有種族偏見，說他痛恨被稱為「布利」。所以我請他在鏡子裡仔細看看自己的膚色，問他難道真的願意被稱為「主人」嗎？我還告訴他，我是在一九六二或一九六三年發明「布利」這個字眼的新用法。這位同事不肯相信我的話，我說：「你是經驗老到的印尼史學家，我跟你賭一百美元，賭你在一九六三年之前的任何文獻中，絕對找不到布利這個字眼帶有『白』人的意思。」但是他不肯跟我賭。

在雅加達以外的地方做訪談更有樂趣。大部分的訪談都是在爪哇進行的，不過我也去過峇里島，有一次還去了北蘇門答臘省（North Sumatra）兩個星期。當時去爪哇以外的地方（峇里島除外）非常困難，船隻很少，就算搭得到船，也都老舊而且超載。航空公司只有一家，是國營企業，由於有太多軍人和忙碌的官員搭乘，所以很難買到座位。一九五八年春天，地區性叛亂爆發後尚未完全弭平，事實上，激進的穆斯林「伊斯蘭國家運動」（Darul Islam）叛亂甚至在爪哇已經持續十餘年，在西爪哇高地依然勢力強大。早就有人告訴我萬隆市（Bandung）很危險，尤其到了夜晚──我要是去那裡一定會被伊斯蘭國家運動叛軍

謀殺。但實際上那個城市一點兒也不危險，我前後去了很多次。叛軍和軍方達成默契，白天主要道路交給軍方控制，晚上則由叛軍接管。

在爪哇鄉下旅行需要一些韌性和想像力。除了鐵路之外，還有五花八門的交通工具：巴士、卡車、馬車、小馬、牛車、獨木舟，在地勢最高的地方只有小馬可騎。我在愛馬成痴的愛爾蘭長大，所以騎馬對我來說易如反掌。可是我最喜歡的交通工具永遠是卡車，在康乃爾時，我養成習慣搭長途便車去華盛頓、費城、紐約和波士頓。司機總是開開心心捎上年輕人，搭便車的人也從來不怕被司機謀殺。回顧爪哇那些久遠的歲月，搭便車很普遍，我猜測卡車司機見到年輕的「布利」在路邊豎起大拇指搭便車時，大概覺得很好笑。假如司機獨自一人開車，你可以坐在他旁邊好幾個小時，享受精采絕倫的對話，內容包括鬼怪、惡靈、足球、政治、邪惡的警察、女郎、薩滿巫師、非法樂透彩、占星術等等。如果駕駛座還有別人，那你就爬到卡車後方的開放空間，日落之後特別愜意，你可以站在車斗裡感受迎面襲來的涼風。

有一天晚上，好心的卡車司機把我和幾個朋友載

到離婆羅浮屠寺（Borobudur）兩英里處的地方，這是西元十世紀建造的宏偉佛塔，號稱全世界最大的佛寺。我們一行人在盈月的照耀下徒步走完剩下的路，然後在大佛塔最高的平台上倒頭睡到黎明，身邊就是悟道的明師。那裡沒有警衛、沒有旅館、沒有喧囂的音樂、沒有商販、沒有門票。唯有極樂的寧靜，彷彿千年之前的景象重現。還有一次我和另一些學生友人搭上的便車是一輛載運惡臭糞肥的卡車，司機拿出一些蓆子讓我們坐下或躺下，以免弄髒身體。沿路有許多哨站把我們攔下來，可是警察一聞到臭味，又看見年輕的「布利」在蓆子上打瞌睡，就揮手放司機通行。車子一直開到瑪琅市（Malang）郊區，司機在我們下車時還謝謝我們幫了大忙。原來在一呎深的糞肥之下，藏了一大堆非法生橡膠。這就是我開始聽聞走私的緣起。

趁這個時候來說一說當年進行訪談的具體細節，也許是個好主意。首先來談談語言。印尼語是這個國家的通用語言，我所有的訪談幾乎都以印尼語進行。受荷蘭教育的受訪者經常會突然改說荷蘭語，或是冒出荷蘭語的字句，以炫耀他們的地位高於常人。有時

候我很難決定要不要裝作不懂荷蘭語，或是假裝懂很多荷蘭語（其實沒那麼懂）。面對爪哇受訪者時，如果我插進幾個爪哇字眼或爪哇的表達方式，往往有助於訪談。使用這些語言的最佳方式是開玩笑，大部分印尼人很有喜感，跨語言笑話每次都能融化社交堅冰。

我原本以為訪談女性會比訪談男性困難，直到我發現女性在社交上多麼重要，也找到背後的原因，才改變原先的想法。爪哇和東南亞大部分地方一樣，父母雙方的血統同等重要，所以母系家庭和父系家庭地位相當。有時母系家庭會「招贅」女婿，這時男方通常會與妻子的父母同住（離婚也非常容易）。在某些地方，兒童幾乎都有自己的名字，有時候只有一個名字，除非是某些貴族圈子，否則兒童的名字和父母的名字毫無關係。親從子名制（Teknonymy）很常見，譬如孩子的名字叫小明，社交上人們不會以他父母的名字稱之，而是叫他們「小明爸爸」或「小明媽媽」。婦女一般都有自己的收入，也能自由支配收入，因此反而容易接受訪談，她們特別擅長談論政治婚姻和家族系譜。

那時候可沒有平板電腦，甚至沒有電動打字機，

雖然已經有錄音機，可是錄音機一拿出來，訪談對象就不肯坦露心聲，不然就是言談變得非常不自在（我從來不用錄音機）。因此訪談者只能默記所有訪談內容，結束後立刻衝「回家」，將內容用打字機打出來或寫下來。我自己的記憶方法是藉由主題思考，或者在訪談之間不動聲色草草記下隻字片語，譬如：荷蘭習慣、日語流利、錢、武器、收音機、貪汙等等。這是訓練聽力和記憶的絕佳方法。

回想起來，我最重要的訪談或許是在一九六二年四月訪問日本前海軍少將前田精，我們兩次長談的地點是蚊子很多的印度飯店（Hotel des Indes），那是殖民時期建成的一家老派飯店。大戰之前，前田精曾派駐英國，所以會說一些英語，戰時派駐雅加達後也學了一些印尼語，所以我們講話時混雜不同的語言。前田精算得上是我交談的第一個日本人，這運氣好得不能再好了。他的儀態十分端莊（哪怕只穿著內衣，因為訪談當下是酷暑中最燠熱的時候），是不折不扣的紳士，謙沖、直爽、迷人（天曉得他對我這個年輕的「布利」是什麼想法），我從探討現代日本的書籍中得知，從十九世紀末葉以來，日本人對於自己國

家在亞洲快速軍事擴張一事，抱持兩種截然不同的觀點。第一種觀點相信，為了建立與歐洲比肩的帝國，日本需要征服其他地方。第二種觀點則是所謂的泛亞洲主義（Pan-Asianism）[9]，相信日本的使命是將亞洲從西方手中解放出來。

一九三五年，英國決定將緬甸從東印度公司治下的印度分離出來，並實施特別憲法，手腕高超的緬甸政治家巴莫博士（Dr. Ba Maw）成為英國總督轄下第一任（本土）總理。一九三九年，巴莫因為英國操縱選舉而失利下野，之後接觸一些支持泛亞洲主義的軍方遊說者。一九四一年一月，日本首相東條英機在國會宣布，「假使緬甸人民自願與日本合作，建立大東亞共榮圈，則日本將樂意給予緬甸獨立。」一年之後英國被日本陸軍逐出緬甸，同時有一支緬甸獨立軍（Burma Independence Army）也加入日軍抗英，這支軍隊的戰士多半是住在暹羅的緬甸人。一九四三年七月，日本和緬甸在天皇行宮簽署同盟條約，巴莫博

---

9. 譯注：Pan-Asianism，或譯亞細亞主義。

士成為國家元首。

　　同一時間，菲律賓的局面也大同小異。一九三五年，美國允許曼努爾・奎松（Manuel Quezon）成為第一任民選總統，並承諾讓菲律賓在一九四六年獨立。可是後來日本佔領菲律賓，奎松與大部分美國人逃到美國。參議員霍塞・勞瑞爾（José Laurel）當選總統，他的地位和緬甸的巴莫博士類似，承諾將迅速完成獨立。可是類似情況都沒有在印尼發生，一九四三年底日本首相小磯國昭承諾「短時間內」讓印尼獨立，但印尼始終沒有國家元首。一九四五年四月希特勒失勢，東京方面明白日本正面臨全面戰敗，在印尼的日本軍官以為自己應該為天皇戰鬥至死，另一些人（包括前田精在內）則相信應該不計代價，盡速實現讓印尼獨立的承諾。

　　同年八月六日美國在廣島投下原子彈，三天後又用原子彈轟炸長崎，夷平這兩座城市，終於結束戰爭。八月十五日，日本天皇透過廣播宣布立即投降。九月二日，天皇下令所有武裝人員放下武器。

　　前田精一派的主張勝出，認為應該將大部分日本軍械暗中移交給印尼的「鄉土防衛義勇軍」

（PETA），這是從一九四三年開始受訓的印尼軍，準備在盟軍一旦攻擊印尼時（其實一直沒有發生），便與日軍並肩作戰。前田精相信，如果沒有軍隊守護，荷蘭將會重新接收印尼，再次於此殖民，他還相信印尼必須擁有能有效治國的國家元首，那就是蘇卡諾。然而八月十六日一小群年輕的激進分子綁架蘇卡諾和他可敬的二把手穆罕默德‧哈達（Mohammad Hatta）。那群年輕人認為這兩個人沒有膽量，不敢宣布印尼共和國成立。後來是前田精出面斡旋，說服激進分子釋放受害者，甚至進一步安排所有派別到他家開和解會議，而他本人則上床睡覺，沒有干涉會議的進行。八月十七日近午時分，蘇卡諾與哈達宣布自由印尼誕生。前田精確保軍方不會製造任何麻煩。

前田精相當坦率，直言這場戰爭是愚蠢的災難（這點和日本海軍認為日本陸軍愚不可及的看法一致），他自認在雅加達負責海軍武官府的聯絡工作是在協助印尼獨立，與早期認為日本應該促使亞洲解放，而不該征服海外、併入日本帝國的想法不謀而合。

訪談前田精最棒的一點，是他會詳細解說自己在極為困難的情況下嘗試做過哪些事，有哪些事在努

力之後還是失敗了，又有哪些事被他設法做成了。

一九四五年八月十七日印尼宣布獨立，在印尼終能實現此目標的複雜過程中，前田精對於自己所扮演的角色態度很謙虛，令他真正感到自豪的，是介入並說服陸軍領導人讓印尼人自己做選擇。當印尼人最後討論獨立宣言時，前田精刻意缺席。後來我訪談曾與前田精和海軍武官府共事的印尼人，包括仁慈寬厚的共黨分子兼獨立領袖維卡納（Wikana），發現他們雖然痛恨日本佔領政權，卻都十分敬重前田精。

我與前田精的訪談至關重要，理由有三個。首先，他使我開始用比以前複雜的方式思考日本。卡欣曾竭盡心力協助美國西岸不幸的日裔美國人，然而他受的訓練是對抗日本，而二次大戰時我還是個孩子。這種世代和文化的差異顯現在我的第一篇學術論文裡，這篇題為「日本，亞洲之光」的文章描述日本佔領政權的殘暴與剝削，但同時也詮釋為何印尼革命少不了日本的貢獻。其次，前田精讓我第一次思考個體的角色。第三個理由也是最重要的理由，那就是他使我慢慢改變了論文主題。

原本我已經打算好將日本佔領只當作短暫而自成

一格的時代，歸入荷蘭殖民主義晚期、日本佔領、革命、憲政民主、指導式民主（guided democracy）這整個系列的其中一項。然而我越審視證據，就越對那些事件發生的排序產生逆反心理，最後決定要打破既定模式。我必須考慮日本佔領和革命之間的關聯，正因為如此，我的論文才刻意細究一九四四年到一九四六年，也就是銜接日本佔領和革命的過渡期。當年學術界的注意力都集中在高層菁英分子上，所以可以理解為何革命和占領被視為對立的兩造，可是在菁英階層底下呢？我的博士論文「青年革命」（Pemuda Revolution）便在這個謎題中產生，它主張（可能對也可能錯）革命背後推波助瀾的力量並不是疾呼民族主義的政治菁英，也不是某個社會階級，而是一個世代，這個世代是在日本帝國主義統治下的複雜經驗所形塑而成的。

我非常感謝卡欣無比愛護自己的學生，還有他的謙沖、他在知識上的開闊胸襟，當學生的論文與他自己的博士論文（《印尼的民族主義與革命》）主張相左時，卡欣不僅強力支持我這個學生，更出手幫忙，確保我的論文得以迅速出版。事實上，卡欣和我都犯

了部分錯誤，問題出在我們不了解日本人，也無法拿到許多日本文獻。幾乎過了半世紀之後，我的好友兼頂尖印尼軍事歷史學者簡金斯（David Jenkins）利用無數文獻，以及在日本做的私人訪談，證明爪哇的高階日本官員才是印尼革命得以實現的推手。

波茨坦會議（Potsdam Conference）在一九四五年七月十七日到八月初之間舉行，這段期間麥克阿瑟（Douglas MacArthur）的西南太平洋戰區司令部（Southwest Pacific Command）被突兀的移交給蒙巴頓的東南亞戰區司令部（包含緬甸、馬來亞、印尼和中南半島）。然而蒙巴頓手上沒有士兵、交通工具和武器，對本地政治運動也欠缺有效的理解，如果要實質掌控該地區，這些都是不可或缺的條件。因此一直到九月十五日，蒙巴頓手下的一些軍官才抵達雅加達。從印尼發布獨立宣言到盟軍人員抵達，中間這一個月的時間足夠日本高階將領祕密提供軍備給印尼革命分子，包括七萬兩千件輕武器、一百多萬發子彈、許多迫擊砲和野戰火砲。簡金斯的說法很正確，少了日本軍方的這項協助，印尼革命就不可能成功，而蒙巴頓也就不會放棄占領整個爪哇然後將該島歸還荷蘭

的想法。

　　我的田野調查在一九六四年四月結束，接下來的夏天我待在荷蘭；日本佔領和革命終結了印尼的殖民主義，而我研究的正是關於這段時期的荷蘭文獻。那個夏天阿姆斯特丹剛好爆發左翼「激怒運動」（Provo Movement）[10]，那是一九六〇年代多國激進運動的肇始，德國、法國、美國、日本、英國和其他許多國家紛紛響應。激怒運動的成員包括左翼知識分子、學生、放蕩不羈的文化人（bohemians）、無政府主義者、無家可歸的流浪者，還有一些炸彈客，這些人以譏諷政府、君主政體、警察、大資本家而出名。舉例來說，他們在龐大的中央火車站上空飄起很大一顆氦氣球，氣球上是侮辱有權有勢者的圖文。碰到這種情況，警察只有兩種選擇：彆扭的攀爬消防高梯或開槍射擊氣球。不論選擇哪一種，通勤上班的群眾都會捧腹大笑。我不做研究的時候就興致勃勃的關注激怒分

---

10.　譯注：Provo Movement，或譯為挑釁運動。

子的活動和宣言。

八月我回到康乃爾，時值詹森總統（President Lyndon Baines Johnson）利用所謂的「東京灣事件」（Gulf of Tonkin incident）作藉口，於一九六五年二月大舉進攻越南。從那時候開始，反戰運動蔓延到所有大學。在康乃爾大學，卡欣便強烈批判詹森的外交政策，他的大部分研究生也跟隨老師的路線。

與此同時，印尼的政治和經濟情勢急遽惡化，將軍們控制了大公司和大農場，還忙著組織所有反共團體。共產黨勢力強盛，不過從一九五〇年起就致力於選舉政治，不具備武裝能力。蘇卡諾繼續保護共產黨，可是他的勢力越來越弱。十月一日清晨，由憤怒的軍官所領導的士兵相信即將發生反蘇卡諾的政變，他們殺死五名高階將領，譴責高層貪汙、從事不道德性行為、忽略普通士兵的生活狀況。

當天深夜，蘇哈托將軍接管陸軍並鎮壓叛亂分子。翌日，除了軍方控制的媒體之外，報紙一律停刊，電視頻道全部停播。十月三日，蘇哈托宣布殺害將領的是共產黨員，一場大屠殺接踵而來，任何共黨分子或被懷疑同情共產黨的人都遭到殺害。這場殺戮

持續了三個月，執行屠殺的是軍隊以及成千上萬武裝穆斯林。至少五十萬名左翼分子罹難，更多人遭到刑求，並送到遍布全國的蘇哈托勞改監獄。

我們有三個康乃爾人決定聯手分析此事的始末。麥珂薇以前是蘇聯專家，後來轉而研究亞洲最老的共產黨，也就是印尼共黨。她過去在印尼實地調查時認識了很多共產黨員。佛瑞德・布聶爾（Fred Bunnell）和我還在念研究所，我們很幸運，因為康乃爾大學的圖書館收藏大量印尼報紙和雜誌，九月三十日以前出刊的都很齊全。連續三個月的時間，我們放下手邊其他事情，專心撰寫機密的「初步分析一九六五年十月一日之印尼政變」，在一九六六年的第一個星期完稿。

由於我們的分析暫時主張這場「未遂政變」的起因可以追溯到印尼軍方的內部衝突——而非蘇哈托與其同謀所堅稱的共產黨——所以我們努力祕密保存這份文件，只讓我們信任的少數幾位學者過目，唯恐康乃爾的印尼籍畢業生或我們的印尼友人曝光，因為他們的身分一旦暴露，將會遭到逮捕、刑求甚至殺害——事實上這些人都不知道我們的所作所為。然

而兩個月之後,「初步分析」一文洩露出去,蘇哈托的黨羽和美國國務院暴跳如雷(國務院積極支持蘇哈托,也樂見共產黨徒遭到毀滅)。

一九六五年夏天,麥珂薇、布聶爾和我想了一個主意,打算辦一份關於印尼的半年刊,卡欣非常支持這項計畫。我們在第一期(一九六六年四月號)刊載來自各種團體的一長串文章,當時我們都不指望這份期刊能夠長久發行,沒想到它竟然維持了五十年。

一九七二年,我明白華府的印尼大使館絕對不會發給我簽證,所以我趁著去倫敦時,向印尼駐英國大使館請求訪談大使艾杰將軍(General Adjie)[11]。我們融洽地閒聊艾杰在革命期間的角色之後,他彬彬有禮地主動提供協助。我提到簽證的事,艾杰立刻著手安排,因此我能夠返回印尼,可惜後來才發現簽證的效期非常短暫。我在印尼碰巧看到一份情報局的報紙,內容譴責國家的四大敵人,我驚奇之餘忍不住爆笑,所謂的四大敵人竟是《華爾街日報》(*Wall Street Journal*,因其揭露印尼軍方大規模貪汙)、莫斯科的塔斯新聞社(TASS)、北京的人民日報,以及康乃爾大學。過了兩個多星期,印尼官方才發現我人已經抵

達雅加達，等他們終於找到我，便將我驅逐出境，接下來整整二十七年不准我進入印尼，直到蘇哈托的獨裁統治結束為止。

一旦被驅逐出境，我就知道有很長一段時間沒辦法回印尼了，所以我得想想接下來怎麼辦。我認真考慮搬去斯里蘭卡，因為童年時曾對斯里蘭卡充滿想像。然而一九七三年暹羅傳來新聞，自一九五八年開始先後掌權的沙立－他儂－巴博（Sarit-Thanom-Praphat）三人軍事獨裁垮台了。泰國國立法政大學（Thammasat University）前校長訕耶‧塔瑪塞（Sanya Thammasak）所領導的文人政府上台，新政府終結審查制度，給予人民組織行業工會、農民聯盟、學生會的權利，並著手創建民主憲法。

那是令人異常激動的時刻，不僅泰國人覺得如此，對於剛剛遭到印尼軍事獨裁政府懲罰的人也有同感。我有很多泰國友人曾經就讀康乃爾大學或附

---

11. 譯注：根據印尼外交部記載，艾杰於一九六六～一九七〇擔任駐英大使，作者所言一九七二年或有誤。

近院校，其中之一是歷史學者查恩維特·卡塞西里（Charnvit Kasetsiri），他後來曾短期擔任國立法政大學的校長。由於我即將休假一年（一九七四到一九七五學年度），便決定去暹羅學習語言，同時展開一些研究。

這次和一九六二到六四年待在印尼的經驗截然不同。此時我將近四十歲，是工作非常繁重的教授，而不是自由自在的學生。我一個泰國字也不認得，對暹羅的歷史與文化所知非常有限，可是重回學習而非教書的感覺很棒。每天早上我騎摩托車到曼谷市中心的美國大學校友會（AUA），和一小群外國人一起學泰語，有日本人、美國人、英國人等等。毫無例外，女生總是比男生學得快，因為據說女生比較不會因為犯錯而感到難為情。

學習語言的過程中，我變得非常關切一件過去很少注意的事，那就是美國人組織教導東南亞語言的方式。課程完全針對實用日常對話，「郵局在哪裡？」「理髮要多少錢？」「你的小兒子真可愛。」至於學習閱讀泰文要再過一陣子，也可以選擇不學閱讀。我很快就知道原因了，因為除了中年日本生意人之外，

我所有的同學都沒有學過怎樣使用非羅馬拼音的書寫系統，所以泰語組字法（orthography）[12] 顯得特別困難。

　　這所學校對泰國文學毫無興趣，事實上任何有關泰語的「美」都不在考慮之中。這和歐洲的語言教學猶如天壤之別。古典拉丁語和希臘語是「死的」語言，已經沒有人講了，所以我們伊頓公學年輕學子的焦點完全放在閱讀文學素質極高的作品上。法語、德語、俄語的教學也本著相同精神，我能夠極為流暢地閱讀和書寫法文，但是只能講最基本的法語。

　　我在美國大學校友會學了很多，可是總覺得不足，到頭來還是必須藉助友人的協助，教會自己閱讀。我很幸運能和查恩維特（此時已經是教授）住在一起，同住的還有他的姊姊、姐夫和外甥女，他們通常會試著幫我練習。後來我出了第一本關於泰國的書：《鏡中：暹羅的美國時代之文學與政治》（*In the*

---

*Mirror: Literature and Politics in Siam in the American Era*，一九八五年出版），我認為因為查恩維特與他家人的影響，促使我在寫這本書的時候把焦點鎖定當代泰國虛構小說，以及這些小說如何逐漸改變，以呼應深刻的社會與經濟變革、當前的政治衝突，以及美國所構成的影響。

在暹羅的第一年，我沒有做什麼認真或聚焦的研究，我懂的泰語依然太粗淺，語言課程佔據了大部分白天的時間，也消耗我許多精力。不過我確實讀遍了所有英語學術界討論暹羅的文章（那時候還不算多），也關注報紙新聞並剪報收藏，為將來撰寫政治學的文章做準備。

前文提到過，從一九七三年底到一九七五年初，泰國的政治十分令人振奮，從一九四七年以來幾乎沒有中斷過的右翼軍事政權一直實施鎮壓，但此刻已經煙消雲散。過去被獨裁者禁絕的許多重要左翼書籍，如今重新出版並廣受歡迎。政黨如雨後春筍紛紛崛起，其中兩、三個的政治立場呈現不同程度的中間偏左。當泰國迎來停辦近三十年後的第一場自由選舉，一個非常年輕、只能騎單車競選拉票的窮教師，依然

有可能當選。但是這種情況再也沒有發生過了，我以前在康乃爾的一些同學開始變成出名的政治人物，我很高興他們加入了進步政黨，包括社會學者文薩農‧普尤迪亞納（Boonsanong Punyodyana）博士在內。學生對政治極端積極，和以往一樣也是傾向左派。那些年出現了一種新式流行音樂，稱為「生命之歌」（Songs for Life），我們很快就學會唱了。

然而在光明的政治晴空中卻懸著兩片烏雲，遠端那片顏色墨黑的是美國眼看著就將在越南戰敗。美國中央情報局曼谷情報站的站長放話，如果中南半島的國家淪入共產黨手中，那麼下一顆「骨牌」就是泰國；打從一九六〇年代晚期，泰國本地的共黨游擊兵勢力就越來越壯大。這一切態勢在右翼團體間激起日益升高的恐慌，包括保皇派亦是如此，他們在一九七五年的年中開始發動攻擊，暴力手段層出不窮。

第二片烏雲是美國大舉進駐泰國：軍事人員幾乎高達五萬人，分別派駐數十個軍事基地，建設這些基地的主要目的是轟炸寮國、越南、柬埔寨被共產黨控制的地區，以及支援這些國家的右翼團體。這場進駐

很快就造成非常明顯的社會後果：新奇的海洛因毒癮氾濫、沒人想要的混血孩童、組織性賣淫規模空前、流行文化變得美國化……。日本和美國密切合作（即便帶有競爭色彩）也導致泰國掀起抵制日本企業、反對日本投資的運動——日本商人在泰國投資「具產業規模」的按摩院，逐漸成為知名的「性觀光業」。

在這種情勢下，衍生出新型態的焦慮民族主義（anxious nationalism），既不屬於左派，也不屬於右派。這種壓力太大了，促使溫和保守派的泰國總理克里巴莫（Kukrit Pramoj）安排所有美軍撤軍，並與「赤色」中國建交。

我離開泰國回家之後，越來越常聽聞暗殺事件，被害者包括進步工農組織的領袖、左翼學生，甚至只是立場稍微左傾的政治人物。康乃爾的文薩農博士時任溫和的泰國社會黨（Socialist Party of Thailand）祕書長，一九七六年春天，他在郊區的住家外面遭到槍擊身亡。最後的結局發生在同年十月六日：皇室贊助的便衣邊境警察夥同一群右翼暴徒組成的暴民，光天化日之下攻擊法政大學，謀殺了數十個年輕人。軍方推翻現有的溫和文人政府，由一名非常親近皇室的資

深法官所領導的極端主義政權接管。數以百計人民被捕，成千上萬民眾逃到鄉下，向共黨游擊隊尋求庇護。

我嘗試說服美國的泰國專家，和我一起簽署措辭強烈的抗議信，然後投書《紐約時報》（New York Times），卻沒有一個人同意。除了我自己之外，參與簽署的只有我可敬的老師卡欣、和我一樣研究印尼的同行雷夫，還有耶魯大學的史考特，他剛開始進行了不起的系列性比較研究，主題是東南亞農民反抗運動，另外還有中國專家傑洛米·柯恩（Jerome A. Cohen）。我確信大部分專家都被謀殺事件嚇壞了，他們時時恐懼自己一旦開了口，將再也不能獲准回到深愛的暹羅。過了幾年，蘇哈托以血腥手段企圖併吞葡萄牙過去的殖民地東帝汶（East Timor）後，我也學到相同的教訓。在美國研究印尼並發表批判文字的學者人數屈指可數，也是出於同樣的理由。我夠「幸運」被印尼驅逐出境，所以由我來撰文和發動遊說以聲援東帝汶人民並不困難。

然而歷史總是出人意表。我已經完全做好被逐出暹羅的心理準備，尤其在我針對屠殺事件發表辛辣的長篇分析之後，文章的題目是「戒斷症候群：

一九七六年十月六日政變的社會與文化層面」[13]。沒想到我竟然沒有遭到驅逐。

一九七七年，他寧‧蓋威遷法官（Judge Thanin Kraivixan）領導的極端主義政府被一群立場溫和的將領推翻，他們的領袖克利安薩‧差瑪南（Kriangsak Chomanan）很快就和在越戰勝出的河內政府建交，並邀請鄧小平訪問曼谷。他釋放政治犯，並提出給予所有同意放下武器的游擊隊完全特赦。報紙刊登照片記錄克利安薩親自替「曼谷十八」（Bangkok 18）政治犯煮了一頓豐盛的午餐 —— 這群年輕的政治犯在法政大學屠殺事件後被捕 —— 整個曼谷（肯定包括皇宮）為之震動。當時這批年輕人組織一齣戲劇，戲中有兩個工人被右翼惡棍吊死，對方宣稱工人的臉孔被刻意裝扮成皇太子的模樣。

與此同時，一九七八年越南入侵柬埔寨，波布（Pol Pot）政權覆滅，北京沒良心的企圖入侵北越但徒勞無功，這一切嚴重打擊了暹羅游擊隊的團結與信心。先前向游擊隊尋求政治庇護的學生，大部分都接受克利安薩主動提議的特赦。康乃爾的東南亞學程因

此而受惠，因為這些「接受招安者」當中，大多數傑出的學術人才於一九八〇年代早期到康乃爾的東南亞學程讀書。大約在同一時間，泰國共產黨崩解，國家落入溫和保守黨手中。從那時候至今，暹羅再也沒有任何左翼政黨了。

我「被迫」前去暹羅，也「被迫」開始以比較的方式思考。我在暹羅注意到的每一件事物，都會引導我提出關於印尼的新問題。暹羅從未接受合法殖民，這個國家的政治文化是佛教、君主制，大致來說政治偏向保守；印尼是老殖民地（Old Colony），人口主要是穆斯林，採行共和政體，政治立場在一九六五年之前大概都是中間偏左。印尼以擁有民粹民族主義（popular nationalist）傳統而感到自豪，相較之下暹羅幾乎完全不存在這種傳統。該如何比較兩者？該在

---

13. 作者注：此文刊登在《關心亞洲學者公報》（Bulletin of Concerned Asian Scholars），9:3（1977 年 7 月－9 月），13-30 頁。我寫的唯一一本關於暹羅的書《鏡中：暹羅的美國時代之文學與政治》（In the Mirror: Literature and Politics in Siam in the American Era. Bangkok，Duang Kamon，1985），便是關於此事的遲來追記。

什麼框架之內比較？正是出於這兩次「田野調查」的經驗，我在一九八三年，也就是四十七歲那年，發表了《想像的共同體》第一版。

本來我對菲律賓的興趣不高，直到一九六四年從印尼返回康乃爾之後才改變。大概在我升教授的時候（一九六七年），杰歐‧羅卡莫拉（Joel Rocamora）心裡揣著一項非常罕見的計畫來到康乃爾，當年誰都沒聽說過任何東南亞學生研究自己祖國之外的國家，可是年輕的菲律賓國民羅卡莫拉不僅深受蘇卡諾和印尼長期以來的民族主義運動吸引，更在他心目中的英雄下野之前親自造訪印尼。由於卡欣指導的學生早就人滿為患，所以他要求我擔任羅卡莫拉的主要指導教授。我和羅卡莫拉的年紀差不多，所以很快就變成非常好的朋友，經常用印尼語對話。在「狂野」的一九六〇年代晚期，我們也一起參加很多派對，羅卡莫拉帶我吸大麻，可惜大麻對我不起作用。不過這些派對讓我相信自己能跳舞——這可是重大的文化突破。拜羅卡莫拉之賜，我開始認識其他菲律賓學生，也開始關注菲律賓的歷史與政治。能夠指導羅卡莫拉針對印尼民族黨（Indonesian Nationalist Party）做出

精彩的研究成果，我感到非常光榮。

　　一九七二年春天，我去印尼的路上順道在菲律賓停留了兩個星期，現在回想起來，那段時間就是我從事菲律賓田野調查的開端。當時的氣氛相當緊張，菲律賓總統費迪南・馬可仕（Ferdinand Marcos）的第二任期即將結束，根據憲法這是他的最後一任，但是大部分人民都相信他很快就會把自己變成永不下台的獨裁者（這件事果然在九月發生了）。羅卡莫拉帶我去見他表哥法蘭西斯可・倪曼佐（Francisco Nemenzo，他在英國讀書時曾見過我弟弟羅瑞），倪曼佐是當時仍然合法的老共黨（Old Communist Party）青年軍領袖。這支青年軍是由菲律賓大學（University of Philippines）教授何塞・西松（José Maria Sison）帶頭脫離老共黨後，另外成立的毛派（Maosit）地下黨兼重要游擊軍。倪曼佐建議我去邦板牙省（Pampanga）的卡比奧市（Cabiao）待兩個晚上，因為老共黨在那裡的勢力依然強大，而且在日本佔領期間與其後，該地都是反日本的左翼虎克軍（Hukbalahap）游擊隊重要的基地。倪曼佐派兩個可愛的少年帶我過去，他說：「你會有機會認識那裡

一些很棒的革命老兵，他們會期待你對幹部發表演講。」因為「安全」的理由，我們趁著夜色往北走。

我第一次在菲律賓村莊過夜的經驗很難忘。老兵們非常熱情，酒一輪一輪上，我們聊到午夜之後才罷休。他們會說一些英語，那兩個少年受過良好教育，幫我們翻譯很多對話。話語間他們大多在緬懷過去，不過我注意到很多字眼聽起來像是印尼語或爪哇語。我問他們那些字眼的意思，結果幾乎都和「印尼語」類似字的意義相同。這件事讓我們都感到詫異，也讓我們比先前更歡樂。第二天我必須演講，心裡感到極度緊張和惶恐。我講了蘇哈托屠殺印尼共產黨的事，出於外交常識，我指出馬可仕似乎也在朝相同方向走，左翼菲律賓人民應該做好準備！這場演講的反應良好，晚上大夥兒再次同歡，然後少年和我悄悄溜回馬尼拉。若干年後我驚恐地發現，當倪曼佐與老共黨決裂時，老兵們奉黨的命令殺害了那兩個可愛的少年。

只要馬可仕還執政，我就不打算回菲律賓，可是一九七二年九月羅卡莫拉遭到逮捕。在監獄待了一段時間之後，菲律賓當局勉強釋放他，這都要感謝羅卡

莫拉有錢的美國猶太丈人遊說有功，他的丈人是美國參議院外交事務委員會（Foreign Affairs Committee）主席的好朋友。羅卡莫拉獲釋之後回到美國，接下來花很多年的時間替西松的毛派新共黨奔走，後來還成為該黨的高階黨員。因此我們得以保持聯繫，羅卡莫拉隨時告知我最新的狀況。

到了一九八〇年代中期，因為預料馬可仕即將下台，我的新學生中最傑出的許多位都在研究菲律賓。一九八六年二月馬可仕失勢，這些學生匆匆趕去馬尼拉，彼時暹羅的政治情勢已經變得非常安靜，我暫時不想寫這個國家，所以先擺在一邊，第二度前往菲律賓短暫停留，主要是看老朋友，順便關照正開始進行田野調查的學生。可是這次停留讓我變得相當振奮，開始思考要正經做一些關於菲律賓的研究。

不過我還有一個理論上的動機（theoretical motivation）。雖然菲律賓和印尼的語言有很強的聯繫，兩者都是共和體制，具有悠久的民族主義與革命傳統，但是在兩個關鍵方面菲律賓卻與印尼大不相同。第一項差異是宗教。基督教的分支羅馬天主教四百多年來已經在菲律賓大多數地方扎下深根，由於

我是在信奉羅馬天主教的愛爾蘭長大的，所以菲律賓對我來說兼具吸引力和排斥力。我的父母親都不是天主教徒，可是愛爾蘭被非常保守的天主教形式所宰制，即使我們家有教宗庇護九世（Pope Pius IX）圖像的鼻煙盒，假如我因此感到菲律賓熟悉，也絕對不會因此受吸引。我的愛爾蘭英雄（主要是文學上的英雄）不是新教徒就是無神論者，但是親眼看看愛爾蘭的東南亞「表親」長什麼樣子，那是多有意思的事！

第二項差異是菲律賓被殖民過兩次，而且宗主國是截然不同的帝國：第一個是信奉天主教的西班牙，也是十九世紀唯一瓦解的歐洲帝國；另一個是信奉新教的美國世界霸權。既然我住在美國，豈不應該試著研究美國的帝國主義型態及其後果？

一九八七年，在康乃爾優秀的教師指導下，五十一歲的我開始學習很難學的塔加祿語。五十幾歲的人學習新的語言確實困難，甚至到了今天，我必須承認自己還是無法輕鬆閱讀塔加祿語，口說也只有基本程度，不過還是很好玩的。有鑑於我已經連續五年擔任康乃爾東南亞學程的主任，接下來那年我獲准休假十八個月，進行我對菲律賓的第一次真正的研究。

然而到了那個時候，我了解自己無法忍受撰寫美國殖民主義和帝國主義。幾乎所有「美語」學術界的研究焦點都是美國時期與之後的菲律賓，美國學者比較喜歡這麼做，是基於語言學的因素，也許還揉雜了民族主義情感——他們主張的前提是美國雖然在菲律賓殖民，但是比其他殖民強國仁慈。至於菲律賓學者以那個時期為焦點，有一部分原因和美國學者相同，但卻是為了呼應日益增長的反美民族主義情緒。除此之外，僅有少數幾位日本學者發表相關文章，不過大部分都是用我不懂的語言書寫。另外，根本沒有西班牙學者對此議題感興趣。

自從一九五七年我在西班牙北岸因為妨害風化遭到佛朗哥的民防警衛隊逮捕，就一直喜歡閱讀關於西班牙的書報，真希望自己懂西班牙語。從教授東南亞課程早期開始，我總是要求學生閱讀何塞·黎剎（José Rizal）的英譯作品，他是十九世紀傑出的菲律賓小說家，以西班牙文寫作。此時正是我彌補失去歲月的好時機，我靠著字典自學閱讀（勉強也學了口說），一行一行閱讀黎剎的《社會毒瘤》（*Noli Me Tangere*）和《貪婪的統治》（*El Filibusterismo*），方法與我

二十年前用《爪哇的民俗表演》一書學習荷蘭語沒有兩樣。所幸我懂拉丁語和法語，這項任務還算容易。

我的菲律賓田野調查基本上是關於歷史方面，我在馬尼拉的圖書館花了很多時間，針對那個說西班牙語的偉大世代，我最想做的是走進那些知識分子和激進分子的心裡，因為他們正是亞洲第一場好戰民族主義運動背後的推手。儘管已經定下這個歷史焦點，我並沒有喪失探索與冒險的熱情。我很幸運找到安伯斯・奧坎波（Ambeth Ocampo）這位非凡的導師，他像是活生生的百科全書，提供我十九世紀菲律賓的大小史料。我們一起旅行過無數次，走訪呂宋島上廣為人知與鮮為人知的歷史古蹟，從歷史角度重新觀察地形地貌。奧坎波當時的興趣極為廣泛，現在依舊如此：建築、繪畫、詩歌、民俗文化、食物、古老風俗、贗品、宗教、謀殺案，還有政治。他的西班牙語十分流利。後來我和摯友亨利・納弗瓦（Henry Navoa）遊遍整個菲律賓，他非常聰明，接受的正式教育很少，但他訓練我通過與普通人相處了解日常生活。

我開始明瞭田野調查有一點很基本：如果只在乎

個人「研究計畫」，別的什麼都不管，那是沒有用的。你必須對每一件事物保持無盡的好奇心，耳聰目明，而且要留意所有的事情。用這種方式工作是很大的福氣，對陌生事物的經驗會讓你的所有感官比平常更敏銳，也會更喜愛「比較」。正因為如此，等你回家之後，田野調查也非常有用。你會養成觀察和比較的習慣，進而鼓勵或強迫注意自己的文化，而不只是陌生的文化——只要你仔細觀察、不停做比較，保持人類學研究的距離。以我為例，回到美國之後，我第一次對美國（日常生活的美國）開始產生興趣。

絕大部分學者，包括我在內，都會定期或不定期返回自己最初田野調查的國家，甚至是回到同一個地區、城市或村落，重訪舊地鼓勵學者加廣、加深既有的知識，同時也打開新的視野。有人問我，如果無法接續年輕時所做的田野調查會怎樣？我回答，總是可以改去研究鄰近的國家，以我為例就是暹羅和菲律賓。還有人問我如何維繫與印尼的關係，我想說多虧有五位貴人的幫助才能辦到。

第一位貴人是班恩‧艾貝爾（Ben Abel），他是來自婆羅洲（Borneo）中加里曼丹（Central Kalimantan）

的雅朱—達雅族人（Ngadju Dayak）[14]，至今依然是我最親愛的朋友。班恩在不尋常也不愉快的情況下來到康乃爾讀書，他原本在印尼本地大學念經濟系，因為很會寫演講稿，所以也擔任校長的助理。然後校長又指派他（多少是這個意思）去幫我們的一位人類學系女學生，當她的翻譯和研究助理，因為女學生的論文是關於雅朱族。最後女學生嫁給班恩，還把他帶回美國。班恩在加油站打工一陣子，遺憾的是兩人婚姻破裂，班恩陷入深深的沮喪。為了助他一臂之力，我替他在康乃爾研究生圖書館裡龐大的埃可思東南亞珍藏區找到一份工作。班恩做這份工作簡直如魚得水，並且利用這個機會，閱讀源源不斷湧入的印尼資料。由於他對自己國家的興趣廣及每一個層面，所以發展出極為寬廣的人脈和資源網絡，遍及印尼國內和國外。如今我很確信班恩是全世界最著名的東南亞圖書館員。

班恩後來再婚，這一次非常幸福，他的妻子艾芙琳・法瑞提（Eveline Ferretti）是和印尼有關係的生態學家，兩人搬到我家隔壁的房子，養了兩個可愛又淘氣的德國—印尼—美國混血男孩。班恩不時提供我

印尼情勢發展的最新資訊，促使我關注加里曼丹，也給我無數的點子和線索。感謝京都大學東南亞研究中心的慷慨和胸襟，讓班恩能在日本待六個月以繼續他自己的研究，同時認識許多相關領域的日本學者和學生。

第二位和第三位貴人是兩個年輕的兄弟，貝尼（Benny）和郁迪（Yudi），他們是我學生時代一個老友的兒子，我收養這對兄弟，帶他們回美國，送他們上高中和大學。在兩兄弟學會流利的英語之前，有很長一段時間我們在家裡都講印尼語，所以我的印尼語並沒有荒廢。透過他們，我得以窺見在蘇哈托政權下長大的小鎮年輕人許許多多的經驗和思想，如果沒有這個機緣，我永遠不可能接觸到這些東西。我們在一起幸福度過許多年，而且經由他們，使我對印尼的熱愛歷久彌新。

我的第四位和第五位貴人是皮匹特（Pipit Rochijat

---

14. 譯注：雅朱族是達雅族的子部落。

Kartawidjaja）和伊古斯提〔I Gusti Njoman Aryana，又叫柯芒（Komang）〕[15]，兩人都是住在柏林的「職業學生」（eternal students）。我第一次遇見他們是在一九八〇年代中期，兩人大老遠開車到阿姆斯特丹來聽我演講，講題是關於一九六五年的流血「政變」與其後果。他們一露面立刻吸引我的目光，皮匹特穿了一身黑，臉上掛著慣惹麻煩人士的邪惡笑容。英俊的峇里人柯芒（這名字的意思是「第三個孩子」）留著又長又亂的黑髮、落腮鬍和髭鬚，看起來像十九世紀的無政府主義者或二十世紀初的布爾什維克黨徒〔後來我們都叫他「阿雅諾維奇」（Aryanovich）〕。他們請我去柏林發表類似的演講，後來我到了那裡，才深入認識他們。

當年蘇聯和東歐共產主義尚未垮台，德國也還未統一，柏林是個奇怪的地方，被圍牆阻隔東西，也是被腐化東德所環繞的玩樂島。由於柏林距離西德十分遙遠，前途未定，所以西德的政治和工商菁英都避開它，柏林變成學生的大本營。二次大戰前的那些豪宅，此時可以用很便宜的價錢租下一整層樓，柯芒特別有本事，租了一層美輪美奂的公寓和德國妻子同

住。公寓有好幾個房間，後來變成不滿的印尼學生聚會的場所。蘇哈托獨裁政府在柏林的代表只有一個貪汙腐敗的小領事館，主事者是國家情報局（Bakin）的幹員，有效控制了領事館。

在柯芒的支持下，皮匹特創建並領導世界上唯一積極挑戰蘇哈托政權有成的反抗勢力。領事館企圖對頑強的學生施壓，一再拖延不肯換發他們到期的護照，於是皮匹特向已婚友人借來一個小嬰兒，故意不餵他吃東西，然後帶去領事館辦護照。他輕輕捏一下嬰兒的屁股，立刻惹得又餓又怒的孩子尖叫哭鬧，領事館的官僚不堪其擾，匆匆替他換發護照以求安寧。後來皮匹特成了半夜匿名電話惡意騷擾的目標，他也用電話反擊，半夜三更分別打電話給情報局幹員和他的妻子，告知對方他們的配偶有了外遇。之後皮匹特就沒有再接過匿名電話了。

這兩個年輕人和他們的友人印刷大量粗糙的油印

---

15. 譯注：印尼人沒有姓氏，名字的最後一個字並非姓，若一個人有兩個以上的名字，一般多以第一個名字稱之，但也非絕對。

公報，內容充斥蘇哈托集團的醜聞消息和諷刺文章。他們先寄公報給領事館的低階辦事員（對方看得津津有味），之後才寄給領事本人。皮匹特是個天賦驚人、膽大包天的諷刺作家，他相信「無事不可說」，而且勇敢實踐此一信念。他的文章混合正式的印尼語、爪哇俚語、低層爪哇語、深刻的皮影戲知識、中印功夫漫畫、淫穢無恥的色情笑話，總是令他的朋友捧腹大笑，也令他的領事館死對頭氣得發抖但又無可奈何。

皮匹特最重要的一篇文章，題為「我是印尼共還是非印尼共？」〔（Am I PKI or non-PKI?）PKI 是 Indonesian Communist Party 縮寫。〕，後來我把它翻譯成英文。在這篇批判性極強的個人文本中，皮匹特以大量黑色幽默描述他在一九六五年觸及的左派屠殺事件。他的父親是寬厚的穆斯林，在東爪哇一座大型國有糖廠擔任經理，遭到糖廠當地被共產黨控制的工會騷擾。少年皮匹特極為忠於父親，對印尼共產黨感到憤怒，也很氣憤他的一些中學友人，日後這些人在一九六五年秋天那場屠殺中成了劊子手。

可是恐怖不肯放過他。皮匹特在文章裡描述當地

妓院的常客不再上門，因為看到共產黨員的陽具被釘在門上；自己居住的諫義里市（Kediri）有一條布蘭塔斯河（Brantas）流過，他回憶竹筏堆滿殘破的屍體往下游漂去。皮匹特原本是去德國攻讀電子工程學，可是受到激進德國學生的影響，很快就放棄學業，改而仗義發聲，全職對抗暴君蘇哈托。後來皮匹特善用自己與社會黨人士的友誼，幫助那些因為言行越界而遭到領事館懲罰的印尼學生，設法阻止領事館對他們下手。

認識皮匹特、柯芒和他們的友人令我十分振奮，我們變得非常親密，這份情誼持續至今依然不變。我從他們兩人身上學到很多，包括如何用印尼語寫出動人的作品，也學習書寫他們所使用的那種混合語言的諷刺風格。我們有共識，在當前的政治環境下，我們可以用性愛語彙描寫任何與政治有關的事物，同時用政治語言描寫任何關於性愛的事。舉例來說，一九八〇年代中期印尼國民軍總司令莫爾達尼將軍（General Benny Moerdani）因為想像自己可能成為印尼副總統而「勃起」了。戲謔的結果就是我本來替一家印尼周刊寫諷刺專欄，沒過多久，軍方情報單位就查禁了這

份刊物。

　　一九六七年，印尼共產黨的最後一位總書記蘇迪斯曼（Sudisman）終於被捕，並被高等軍事法庭判處死刑。我每天都去法庭聆聽審判，很佩服蘇迪斯曼的勇氣和尊嚴，也被他最後的辯護演說感動。我拿到一份演講稿，翻譯成英文，然後很快就在澳洲刊登出來。總書記的這場演說中有一段很辛辣，他說許多上校終其一生都當不了將軍，戲稱這些人是「苔癬上校」（Moss Colonels）。

　　上述這五個成年男子或少年給了我友誼、「父執輩」的情誼、政治凝聚力，也教了我非常多東西。多虧他們，我才能在被驅逐的二十七年當中，繼續進行某種有用的印尼田野調查。在那個過程中我逐漸了解，對一個學者而言，沒有什麼比得上如此深刻且長遠的依附心理，這樣的福氣往往比一個人在圖書館裡孤獨的研究更寶貴得多。

Frameworks of Comparison

# 四、比較的架構

我在康乃爾的早期，「比較」觀念的使用依然有些受限。我的意思不是從來不比較，其實學術界一直有做比較，有時是有意識的比較，更多時候是無意識的，只不過都只是為了實用，而且是小範圍的比較。即使到了今天，康乃爾藝術與科學院（Cornell College of Arts and Sciences）仍然只有一個系的名字裡帶著「比較」，那就是比較文學系，而一九六○年代初期我去印尼田野調查的時候，這個系還不存在。

歷史學者、人類學者、經濟學者、社會學者很少系統性思考比較這件事，政治系有一部分例外，因為底下分出一個組（subsection），稱為「比較政府」，也就是我所屬的組別。然而我和同學所研究的比較主要集中在西歐，原因可想而知，因為歐洲國家幾百年來都維持互動，彼此學習、彼此競爭。這些國家也相信他們擁有相同文明，以古代和不同基督教派別為基礎。這樣的比較顯得簡單而貼切。

我覺得有一點很奇怪，比較政府組竟然不包含美國本身，反而是保留一個叫做「美國政府」的不同組別。從某個層次而言，這樣的劃分從務實觀點來看很容易理解。大學部的學生都會思考自己未來的職業，

想當政治人物、官僚或律師的那些學生，都會對討論自己國家政治的課程感興趣，而且達到壓倒性的程度。其實絕大多數國家也有相同的「民族主義」興趣。基於學生的需求，我的系裡研究美國的學者可謂人多勢眾。還有一個比較不明顯的因素，是大家普遍有「椰殼下的青蛙」心態，而這種心態的成因則是我所說的「官方民族主義」（official nationalism）。美國有兩個重要的鄰國，也就是墨西哥和加拿大，可是系裡沒有關於這兩國政治的課程，一直到二〇〇一年我退休時，系上都還很難找到一個說得出墨西哥總統或加拿大總理名字的學生。

美國民族主義的中心迷思裡有一個已經存在多年，那就是「例外論」（exceptionalism）[16]，——認為美國的歷史、文化和政治生活從本質上看就無從比較；美國不像歐洲，不像拉丁美洲，更絕對不像亞洲。不消說，這種想法是荒唐的幻想。視比較的國家和時期而定，美國絕對可以和他國做比較，尤其是歐

---

16.　譯注：Exceptionalism，或譯獨特論。

洲、南美洲、日本、大英帝國自治領地（加拿大、澳洲、紐西蘭、南非等等）。這種觀點還有另一個層面，就是根深柢固的狹隘地方主義（provincialism），導致強烈抗拒在比較政治學中納入美國政治這個合理提案（logical case）。

也許還可以加入另外兩個更具體的因素。第一個因素是美國政治學研究的制度歷史。例如有個清楚的歷史遺緒，是至今仍有某些大學的政治系自稱是政府系（包括哈佛大學和康乃爾大學在內），其血統來自法律（多半是「憲法」）和公共行政的結合，這兩者都非常重視治理的實用性。反觀歐洲的血統和美國的大不相同，源自哲學、社會學、經濟學和政治學，其基礎是馬基維利（Machiavelli）、亞當斯密（Smith）、康斯坦（Constant）、李嘉圖（Ricardo）、黑格爾（Hegel）、馬克思（Marx）、托克維爾（de Tocqueville）、韋伯（Weber）等思想家的博大傳統。我所屬的政府系底下有個分組叫做「政治理論組」，通常由一位歐洲學者授課，講課的範圍從柏拉圖到馬克思，但不包含美國政治理論家。

第二個因素是美國人重視實用和務實，對偉大的

理論沒什麼天分。我們很快掃視上個世紀社會科學和人文學科的「偉大理論學家」有誰，就足以清楚說明這一點。不論是哲學：維根斯坦（Wittgenstein）、海德格（Heidegger）、德希達（Derrida）、傅柯（Foucault）、哈伯瑪斯（Habermas）、列維納斯（Levinas）等；歷史：布洛克（Bloch）、布勞岱爾（Braudel）、霍布斯邦（Hobsbawm）、李約瑟（Needham）、歐立德（Elliott）；社會學：莫斯卡（Mosca）、帕雷托（Pareto）、韋伯（Weber）、齊美爾（Simmel）、曼恩（Mann）；人類學：莫斯（Mauss）、李維史陀（Lévi-Strauss）、杜蒙（Dumont）、馬凌諾斯基（Malinowski）、伊凡—普里查（Evans-Pritchard）；或是文學研究：巴赫汀（Bakhtin）、羅蘭巴特（Barthes）、德曼（de Man）等；所有這些領域的奠基人物都是歐洲人。美國的重要例外是諾姆・杭士基（Noam Chomsky），他為語言學研究帶來革命；經濟學領域的彌爾頓・傅利曼（Milton Friedman）地位也算重要，不過凱因斯的影響大概會持續更久。當然，這並不代表當代美國大學不執迷於「理論」，只不過「理論」不是外來

的，就是走美國的平等主義那一套。海外來的理論仿照經濟學，為了瞭解現代社會的運作，具有很強的理論導向。至於平等主義，意思是「每個人都可以也應該被視為理論家」，哪怕歷史證明真正有能力發想原創理論的個體少之又少。我自己在康乃爾大學念書時，「政治理論」的地位還沒有確立。當年（一九六七年）我的博士論文就算是在歷史系寫的也不為過，不過那個時候興起了一門學問，也就是後來大家記憶中的「行為主義」的年代，據說它可以讓政治學研究變得「科學」。

我在康乃爾的政府系當了三十五年教授，這段歲月教了我兩個關於美國學術界的有趣教訓。第一是「理論」以高階大宗商品的型態存在，反映晚期資本主義的風格，理論剛剛出爐就預設將會過期報廢。在 X 年讀書的學生必須閱讀 Y 理論，心裡多少懷有尊崇之意，但同時也要學習已經過時的 W 理論。若干年後，老師又告訴學生要學習已經過時的 Y 理論，崇拜 Z 理論，但不要再管 W 理論了。第二個教訓是，除了某些重要的例外〔譬如巴林頓・摩爾（Barrington Moore, Jr.）〕，當政治學延伸到比較政治學，絕大多

數學者在做研究時似乎都有意無意地使用美國例子為基礎。有一項理論是衡量其他國家進步的速度，評估該國距離美國的自由、崇尚法律、經濟發展、民主等等指標有多麼接近。因此這項理論快速崛起，同樣快速沒落，而且如今看來已經差不多「死透了」——那就是現代化理論（modernization theory）。

不消說，這種理論背後往往都有昭然若揭的冷戰目標，也就是證明馬克思主義從根本上就是錯的！這種「自我炫耀」（look at me）的理論往往不自覺的忽視一些難堪的事情，例如美國的謀殺率和離婚率非常高，監獄中黑人囚犯的比率高得異常，文盲多年無法根除，政治貪污相當嚴重……。

儘管如此，我從不懷疑自己的研究生經驗不知不覺間已經為日後的比較研究做好準備。出於在美國政治學與（歐洲）比較政治學組當助教的職責，我不得不大量閱讀原本不會去讀的資料。當時大學部的學生有九成是美國人，對歐洲很不了解，為了幫助他們，我想出一個有用的辦法，就是不斷比較美國、英國、法國和德國的情況。我自己也在研究所選修關於蘇聯、亞洲、美國和西歐的課程。最後，東南亞學程的

型態迫使我不僅開始用比較的方式思考整個區域,而且也跨學科閱讀不同領域的知識,尤其是人類學、史學和經濟學。那時候我對這一切並沒有高度知覺——只是覺得很好玩,因為對我來說都十分新奇。

不過,我逐步認識的比較性思考一直偏向書本和「知識性」內容,直到去了印尼才改觀。在印尼我的情緒學習和政治學習第一次參與到工作中,不過這樣所產生的主要效果,並不是讓我的思考在普通意義上更具理論性,而是讓我發現自己變成某種印尼(或印尼-爪哇)民族主義者,每次碰到明顯瞧不起印尼人的那些仗勢欺人的美國官員,我總是感到氣憤。我對蘇卡諾沒有好感,也非常反對共產黨,以至於聽到蘇卡諾一怒之下爆出那句有名的反美怨言「去你的援助!」時,我真想拍手叫好。

我也是在這個框架之中,寫下第一篇明確的比較性文章。那是一篇長文,題為「爪哇文化中的權力觀念」(The Idea of Power in Javanese Culture),收錄在一九七二出版的《印尼文化與政治》(*Culture and Politics in Indonesia*)一書中,該書由霍特編輯。這篇論文有個不太常規的由來。有一天我坐在辦公室裡,

門是敞開的，剛好有兩位資深教授路過要去吃午飯，一邊走一邊高聲閒聊。對話的主角是艾倫·布魯姆（Allan Bloom），多年後出版了暢銷書《走向封閉的美國精神》（*The Closing of the American Mind*）；他相當吸引人，甚至有些嚇人。布魯姆對自己的女性化不以為恥，而且明顯喜愛自己的男學生多於女學生，哪怕是這樣，他依然是充滿個人魅力的保守派講師，也是政治理論領域的一流學者（從柏拉圖到馬克思都精通）。布魯姆在芝加哥大學（University of Chicago）就讀時，便是著名政治移民列奧·施特勞斯（Leo Strauss）的頂尖門生——施特勞斯原籍納粹德國，是個有原則的哲學保守派（philosophical conservative），學生中有多人（特別是聰明且有企圖心的猶太學生）光大師門，在雷根（Reagan）和兩位布希（Bush）總統任內，引領美國政治圈和頂尖大學的新保守主義運動。

那天我隔牆偷聽到布魯姆說：「噯，你知道古希臘人，甚至柏拉圖和亞里斯多德，都沒有我們當今熟知的『權力』觀念耶。」這段午餐時間隨口一提的評語滲入我心裡，就此落地生根。以前我從來沒有

想過，柏拉圖和亞里斯多德這兩個哲學大師，也就是我們一直被教誨應該尊敬的「西方思想」創始人，腦子裡竟然沒有權力的概念。一開始我感到懷疑，急忙跑去圖書館查古希臘字典，結果發現我找得到「暴君」、「民主」、「貴族」、「君主制」、「城市」、「軍隊」等等，卻找不到任何條目是關於「權力」的抽象概念或一般概念。

此事激發我思考爪哇和印尼情境下的權力。不久之前，由美國中央情報局支持的那份惡名昭彰的《撞擊》雜誌（Encounter）上，瑞士新聞記者胡伯特·盧提（Hubert Luethy）和吉爾茲開啟了一番火爆的論戰。那次的論戰發生在一九六五年末到一九六六年初，背景是一九六五年印尼政變失敗之後，發生共產黨員及其同情者遭到大肆屠殺的事件。盧提率先開砲，他寫了一篇言詞辛辣的論文，批評印尼政治圈和言論「不理性」。吉爾茲大為光火，寫了一篇火力十足的文章回擊，題為「印尼人瘋了嗎？」在文中強力為印尼人的理性辯護，他不用理論作為反駁的基礎，而是以自己在爪哇田野調查的長期經驗作基礎。當時吉爾茲早已出名，在美國的人類學界擁有莫大影響

力，和卡欣、班達並列印尼研究領域最重要的三巨頭。身為堅定的印尼民族主義者，我當然是站在吉爾茲那一邊，但是我也開始從政治理論的角度，思考更具系統性和歷史觀的印尼「理性」研究。

很湊巧，我在一九六〇年代中期最喜歡的印尼同學，是中年白髮的歷史學者蘇馬賽義德‧莫爾托諾（Soemarsaid Moertono），我們都喜歡親暱的叫他「莫爾大哥」（Mas Moer，Mas 是爪哇語）。莫爾托諾是真正的老派爪哇紳士，傑出的歷史學者，心性仁慈而睿智，是天生的民主派，心裡藏著可愛的孩子氣。他經常告訴我們一個故事：他到綺色佳後的第一個清晨，醒來時發現整座城都被白雪覆蓋。莫爾托諾因為這奇異的美景雀躍不已，光著腳就跳下床，裹著紗籠跑下樓，然後快樂的跳進積雪，完全忘記雪是冰冷的。我們學生辦公室都在隔壁，所以大家總是在聊天。莫爾托諾給我看他的碩士論文草稿，主題是傳統爪哇皇室統治的面面觀〔最後出版的書名是《古爪哇的國家與治國之道》（*State and Statecraft in Old Java*）〕。他很了解爪哇的資料來源，論文裡有幾十則引人入勝和怪異的段落，其中最詭異的無疑是一七

〇三年阿莽古拉特二世（Amangkurat II）臨終時發生的故事，這事兒一本正經的記載於編年史中。阿莽古拉特二世是十七世紀末不怎麼成功的爪哇君主，一直沒有立儲君。他嚥氣時，繼承人和朝臣都圍繞在床前，普格爾王子（Prince Puger）注意到剛死的君主陽具挺立，頂端有一滴發亮的液體。普格爾撲上去喝掉液體，陽具隨之頹軟。史官還補充一句話，說這證明王權的神光（tédja）已經傳給王子。於是普格爾王子繼位，成了阿莽古拉特三世（Amangkurat III）。

因為我很確定爪哇人和其他人一樣有理性，所以懷疑一定是牽涉到某個基本假設，才會讓這則奇怪的故事聽起來合理。這時我記起布魯姆的那句評語，想到也許爪哇人就像柏拉圖一樣沒有權力的抽象觀念，不懂得權力是人與人之間心照不宣的一種關係。我和莫爾托諾討論過之後確認此事，不過爪哇人雖然不曉得權力，卻清楚知道「具體」（concrete）力量的觀念，明白這是宇宙內部的一種真實力量（mana），可以在神奇的物件、靈魂、人類（包括其性器官）裡覺察得到。

對我來說，這似乎是可以打開一扇大門的鑰匙，

穿過這扇門，我就能一步接一步、一個社會領域接一個社會領域（譬如官僚、外交、稅務、農業等等），去追尋爪哇人的理性，有助於解釋以前盧提認為不理性的行為與願望。然後就能回頭比對西方的情況，看出在馬基維利（第一位將「神聖」和「魔力」從自我思想中排除的西方政治哲學家）之前，兩者其實有許多相似之處（他的理性源自於何種假設？）。亞洲的許多地方也很有可能發現和前現代（pre-modern）爪哇相去不遠的觀點。諷刺的是，布魯姆和莫爾托諾在同一個時間出入同一所校園，卻完全不知道對方的存在。

我在撰寫「爪哇文化中的權力觀念」（原始發想是比較政治哲學的一項研究）最後版本時，嘗試預測和防止（forestall）大部分西方讀者一派輕鬆的反應：「嗯，爪哇人從前和現在都很原始，我們可不一樣。」所幸有韋伯（Max Weber）助我一臂之力，他將「魅力」（charisma）這個觀念引進現代社會學領域，只不過他非常難明確的、有系統的解釋這個觀念。希特勒、雷根、毛澤東、艾薇塔（Evita Peron）、戴高樂（de Gaulle）、蘇卡

諾、甘地（Gandhi）、卡斯楚（Fidel Castro）、列寧（Lenin）、何梅尼（Khomeini）：這些人物牢牢吸引人們的注意，背後存在什麼理性呢？即使在自認為完全現代的文化中，關於「權力」（真實力量、神光）的古老想法是否也存在某種底層（substratum）[17]？多年以後，我很欣慰的得知雷根總統只有在妻子打電話和她的命理師商量過後，才肯做重要的決策；當今中國共產黨的最高領袖很熱衷請教星象學家和風水大師——當然是私底下請教。

關於這篇文章，我想要提出兩個重點。第一點，我開始從民族主義者的觀點做比較，而且是在東方與西方相對的架構內做比較，長久以來研究東方學的學者很常使用這種比較架構。不過我的這項比較想要證明：只要我們了解研究對象思想的基本假設，那麼爪哇人或印尼人也能和西方人或其他人民一樣「有理性」。第二點，我採用這種方式純粹是出於偶然：我剛好是布魯姆的資淺同事，也剛好是莫爾托諾的朋友。

然而接下來的十年，我真的沒有認真從事任何比較性研究，等到有系統地回顧比較的課題時，我的觀

點和興趣已經完全不一樣了。哪怕只是略微瀏覽「爪哇文化中的權力觀念」（一九七二年）和《想像的共同體》（一九八三年），都能立即看出兩者之間的差異有多大。一九七二年時，我還是三十六歲的年輕人，還沒有拿到終身教職，而且才被印尼驅逐出境不久。一九八三年時，我已經四十七歲，拿到了正教授職銜，不久前才被任命為康乃爾大學東南亞學程的主任，正忙著研究暹羅。話又說回來，年齡差距絕非最重要的因素，在此我想記載那十年間影響我最深的三個強大因素——這三者之間並沒有特殊排序。

我很幸運擁有一個比我更聰明、年齡只比我小一點的弟弟，他揚名於世的名字是培利・安德森（Perry Anderson），不過我們家人都以他的愛爾蘭原名羅瑞叫他。我離鄉前去美國之後，有很長一段時間和弟弟都沒怎麼聯繫，只有透過母親和妹妹知道對方的消息。羅瑞從牛津大學歷史系畢業（我想是一九五九年），之後就一頭栽進馬克斯政治學和知識生活。他

---

17.　譯注：Substratum，或譯基質。

和牛津的一些朋友一起去剛成立的《新左翼評論》期刊（New Left Review）工作，志在復興英國的左翼政治，並促使其現代化。在英國共產黨（British Communist Party）[18] 乏善可陳的指導下，左翼政治食古不化，早就奄奄一息。

《新左翼評論》有兩位創辦人，第一位是傑出的激進歷史學者愛德華・湯普森（Edward Thompson），專門研究英國鄉村與工人階級；第二位是原籍加勒比海的社會思想家史都華・霍爾（Stuart Hall），後來以創建文化研究而聞名。這群「激進的年輕人」（Young Turks）只對霍爾有感情，也只尊敬他，與湯普森的關係經常搞不好。湯普森十分傑出，可是骨子裡是不折不扣的英國人，在某些方面抱著英格蘭至上的心理，對歐洲大陸的智識傳統懷有傳統主義者（traditionalist）的敵意。我弟弟和他那些朋友堅信英國智識孤立的現象必須打破，方法一是從歐陸大規模進口重要馬克斯主義者的（翻譯）作品：沙特（Sartre）、梅洛—龐蒂（Merleau-Ponty）、阿圖塞（Althusser）、德布雷（Debray）、阿多諾（Adorno）、班雅明（Benjamin）、哈伯瑪斯

（Habermas）、博比奧（Bobbio）與許多其他學者；方法二是要使《新左翼評論》在處理問題時盡可能傾向國際主義。

最後湯普森怒氣沖沖走了，改由年輕一代接棒。在此同時，羅瑞忙著進行他那龐大無比的計畫，也就是重新建構（reframing）整部「西方歷史」，其成果是完成兩本開創性的著作：《從古代到封建主義的過渡》（*Passages from Antiquity to Feudalism*，一九七四年）、《絕對主義國家的系譜》（*Lineages of the Absolutist State*，一九七四年），兩者基本上都屬與比較性質的研究。身為「好兄長」的我既敬畏又驕傲的讀了這兩本書，它們展現了百科全書般淵博的歷史知識，文筆是精練的古典散文，並且在跨越數十國、長達數百年歷史的好幾百頁書稿中，始終維持複雜但清晰的論述，這樣的能力實在很強大。

我從一九七四年起開始閱讀《新左翼評論》，從

---

18.　譯注：作者所寫 British Communist Party 推測或有筆誤，可能指不列顛共產黨（Communist Party of Britain）。

封面到封底一字不漏，過程中受到深刻的再教育。我接觸班雅明（Walter Benjamin）的作品，對我產生決定性的衝擊，這一點《想像的共同體》的讀者立刻就能辨識。我去倫敦時開始結識《新左翼評論》的圈子，也和他們交朋友。其中我最喜歡和最尊敬的是湯姆・奈恩（Tom Nairn），他是蘇格蘭民族主義者兼馬克思學者，一九七七年出版極具爭議性的書籍《英國的分裂》（*The Break-up of Britain*），引起軒然大波，也激使霍布斯邦（Eric Hobsbawn）砲火猛烈的攻擊；當時霍布斯邦是老一輩馬克思歷史學者之間的領導人物。

在這個過程中，我和弟弟的關係再次變得親密，直到今天依然不變，我在準備《想像的共同體》最後版本時，羅瑞是我最重要的顧問。假如沒有他這樣的弟弟，我不確定自己會是什麼樣子。透過羅瑞和他在《新左翼評論》的朋友，我變得更傾向國際主義，而不再只是印尼民族主義者。

對我而言十分重要的第二個影響因素，是我在康乃爾的同輩好友詹姆斯・西格爾（James Siegel），依我看來他是當今美國最引人注目的原創人類學者。

一九六〇年代後期校園裡出現吵吵嚷嚷的學生激進主義，吉爾茲憤而辭去教職，改去普林斯頓大學（Princeton University）的高等研究院（Institute for Advanced Study）任職，在那裡長期只當個社會科學家。吉姆（Jim，西格爾小名）是吉爾茲離開之前指導的最後一屆學生，我們兩個同時在印尼田野調查，他去的是亞齊（Atjeh），我去的是爪哇。我們是在蘇門答臘北邊的棉蘭市認識的，立刻就成了好朋友。他後來出版的博士論文題為《真神之繩》（*The Rope of God*），和過去所有書寫印尼的人類學研究都不一樣，一直是我非常喜愛的書。

吉姆來康乃爾大學這件事，本身就是個很有趣的故事。大概在一九六七年時，康乃爾大學有個人類學的職缺，要徵聘年輕的東南亞研究學者，而吉姆正是其中一位應徵者。在那個激進的年代，面談應徵者的不僅有教授，也有研究生。到了該做最後決定時，大部分教授青睞詹姆斯·皮卡克（James Peacock），他的博士論文主題是東爪哇的城市大眾劇場（ludruk），皮卡克給它起了個很有特色的稱謂：「現代化儀式」（Rites of Modernization），後來論文出版時，正是

以此為書名。可是學生們並不喜歡這種社會功能式
（Pasronian）的書名，他們覺得「現代化」是已經被
遺棄的神物（fetish），因此一面倒的投票支持吉姆，
教授們也讓步了。

吉姆至今還是我非常要好的朋友，我們經常一起
教課，其中有一場研討會還堅持每個學生都要講印尼
語！他認真的引介我認識優秀的人類學著作，包括英
國天主教徒維克多・透納（Victor Turner）具啟發性
的非洲研究作品。吉姆還引導我閱讀埃里希・奧爾巴
赫（Erich Auerbach）的《摹仿論》（*Mimesis*），這
本書闡釋從荷馬（Homer）到普魯斯特（Proust）的
西方「再現」（representation）歷史，敘事非常引人
入勝。我們最喜歡的課是討論印尼偉大作家普拉姆迪
亞・阿南達・杜爾（Pramoedya Ananta Toer）小說的
聯合研討會，當時這位小說家還囚禁在蘇哈托的勞改
營中。和一群優秀的學生慎重、精細的閱讀小說，對
我來說相當新奇。多虧了吉姆，我開始思考如何利用
自己早年在古典文學、西歐文學，以及後來在印尼文
學的訓練，為政治學研究的「想像」與「現實」之間
的關係，理出一種新的分析。

第三個重要影響因素來自東南亞學程的學生。這裡的學生對於美國人心目中的巨大東南亞區域這種正式的觀念興趣缺缺，反之他們自己產生較小型的凝聚團體。這些年輕人憤恨獨裁勢力長期控制信奉佛教的暹羅與緬甸、信奉伊斯蘭教的印尼、信奉天主教的菲律賓，而憤怒促使他們發動抵制。學生藉由英語交換祖國極力鎮壓的資訊，他們逐漸習慣做新的比較，這是過去不曾想像過的。

　　至於《想像的共同體》裡典型的比較，是根據這本書的論辯意圖而塑造的。第二次世界大戰之後，幾乎所有討論民族主義的重要「理論性」作品，都是在英國撰寫和出版的〔捷克歷史學者米羅斯拉夫‧赫羅赫（Miroslav Hroch）針對中歐和東歐的「小國民族主義」（small Nationalism）所做的先驅性比較研究，是以德文書寫，並在共產黨統治的布拉格寫成，很久之後才被翻譯成英語。〕幾乎所有作者都是猶太人，不過他們的政治觀點極為不同。艾利‧凱杜里（Elie Kedourie）是極右派，生於巴格達的老猶太社區，也在那裡長大，青年時期遷居倫敦，受到英國當時最知名的保守派政治哲學家麥可‧奧克肖特

（Michael Oakeshott）的影響。虔誠正統派猶太教徒安東尼‧史密斯（Anthony Smith）是溫和右派，他生在英國，住在倫敦，漫長的教學生涯中一直教授歷史。他相信猶太人是最古老的民族，始終如一主張現代民族主義來自於長久倖存的族裔。哲學家、社會學者兼人類學者厄內斯特‧蓋爾納（Ernest Gellner）是生於布拉格的捷克猶太人，政治立場是自由左派，戰後不久就設法前去倫敦。蓋爾納是堅定的啟蒙自由派（Enlightenment liberal），他開創了所謂的民族主義的建構主義觀點（constructivist vew），主張民族主義嚴格來說是工業化和現代性的產物。至於霍布斯邦則是極左派的偉大歷史學者，他出生在殖民時期的埃及，有一部分猶太血統，後來在納粹得勢之前的奧地利受教育。霍布斯邦是建構主義者，也是共產黨員，他與泰倫斯‧藍傑（Terence Ranger）合編的文集《被發明的傳統》（*The Invention of Tradition*，一九八三年）對英國方興未來的民族主義辯論有巨大的貢獻。奈恩嚴格說來是蘇格蘭人，和上述其他人都不同，是激進的新左翼馬克思主義者。

這些人不是住在倫敦，就是住在不遠的牛津或劍

橋，而且或多或少都聽聞過彼此。除了奈恩之外，他們全都非常喜歡英國，部分原因是此地大致說來沒有受到法西斯主義和暴力反猶太主義的污染，還有一部分原因是這個國家（包含英格蘭、威爾斯、蘇格蘭、北愛爾蘭）感覺上更像超國家（supranational）的奧匈帝國（雖然已經不存在了），而比較不像法國、義大利、瑞典那種標準的歐洲國家。這些人基本上都以歐洲為本，不過蓋爾納在北非的馬格里布（Maghreb）念過書，懂一些阿拉伯語，而凱杜里寫過很多關於祖國伊拉克的文章，顯然精通伊拉克阿拉伯語。

這個廣闊但非常「英國」的圈子，正是《想像的共同體》所瞄準的目標。奈恩寫的《英國的分裂》真正掀起了火爆的辯論，這本書主張英國是過去所殘留下來的僵化、保守、帝國的遺跡，四個構成民族註定會分裂，蘇格蘭將會率先脫離。《英國的分裂》遭到猛烈攻擊，尤其是霍布斯邦，他宣稱真正的馬克思主義者不可能是民族主義者；馬克思從一開始就投身國際主義。我自己非常喜歡這本書，除了喜歡它本身，也因為我是愛爾蘭人（南愛爾蘭歷經數百年的英國殖民統治，動用武裝抗爭，才在一九二二年獲得

獨立）。我不認為《想像的共同體》是嚴謹的學術書籍，當時也不曾想過這本書最終會有那麼多國際讀者。

很多人抱怨《想像的共同體》不好讀，而且特別難翻譯。這樣的指控有一部分是真的，不過困難之處絕大部分不在觀念的領域，而在於這本書始初的論辯立場，以及它所設定的讀者：英國的知識分子。正因為如此，書中才包含那麼多引述句，其出處和典故皆來自英語詩歌、散文、歷史、傳說等等，懂英語的讀者不需要解釋就懂，但其他語言的讀者可能就不熟悉了。還有一些笑話和諷刺只有英國人覺得好笑或生氣。為了好玩，我在書裡一概為英國統治者冠以姓名，例如不叫查理一世（Charles I），而叫他查爾斯・史都華（Charles Stuart），彷彿他是普通人似的。但是講到外國的國王（例如路易十四世），就還是採用標準格式。有一位激進的英國女性主義者曾撰文抱怨這種做法是「歧視」，我當然開心了一把。一九八〇年代末期，我的兩個非常優秀的學生白石隆和白石沙耶（Shiraishi Saya）決定把《想像的共同體》翻譯成日文，我提醒他們，這本書原來就不是為日本讀者寫的，所以他們應該自行、隨意採用合適的

日語引述句、典故或笑話來取代原文。我想他們很樂意有這樣的自由。

《想像的共同體》是在比《英國的分裂》更寬廣的論辯架構下形成的。我的第一個目標是歐洲中心主義（Eurocentrism）。有一個假設是民族主義在歐洲誕生，然後以模仿的形式散播到世界其他地方；我在這樣的假設中窺見歐洲中心主義。不過我也看得很清楚，民族主義運動在北美洲和南美洲，以及海地，都各有其歷史淵源，無法用任何「民族」或語言的基礎解釋這些運動。

第二個目標是傳統馬克思主義和自由主義。奈恩的主張是對的，他說這種馬克思主義過去大致迴避了民族主義，始終無法解釋民族主義在世界歷史中所發揮的宏大力量。不過奈恩並沒有真的企圖為這個問題提供馬克思主義解決辦法，我逐漸相信，如果考慮印刷書的特殊性（歐洲從十六世紀開始印刷了大量書籍），也許能找到解方。書籍當然是早期資本主義所生產的大宗商品，可是書籍不像啤酒或蔗糖，也是觀念、情緒、想像的容器和供應者。古典自由主義也有相同弱點。

最後一個目標是一項強大的傳統，也就是把民族主義當作只是另一種「主義」，就像自由主義、馬克思主義、社會主義、保守主義之類，換句話說，只是一套觀念體系，或是一種意識形態。用這種方式看待民族主義，無法解釋它無比強大的情緒力量，也無從解釋民族主義為何讓人們甘願為它犧牲性命。

這本書的架構有助於解釋我所採用的某些典型的比較形式，它們和我在「爪哇文化中的權力觀念」一文所採用的東、西方架構下的比較形式大不相同。譬如書中討論美國人的那一章「歐裔海外移民先驅者」（Creole Pioneers），就是很好的例子。美國大部分關於民族主義的現存研究，都只堅持它的例外性質，不然就是與英國傳統相提並論。所以我決定比較美國早期和西班牙殖民美洲時各種紛亂的新民族主義，然後把這一段放在章末，而非該章的開篇。我欣喜的期待讀者心生惱怒——也許是因為我在書中稱富蘭克林（Franklin）和傑佛遜（Jefferson）是克里奧爾人（Creoles），彷彿他們只是美國南方邊境隨處可見模式的延伸，又或許是因為我評論玻利瓦（Simón Bolivar）其人比喬治·華盛頓（George Washington）

更傑出。同樣的，我故意把俄羅斯帝國、英屬印度相提並論，拿匈牙利對比暹羅和日本，把印尼和瑞士、越南和法屬西非放在一起比較（很多年後，我也樂於將台灣的民族主義歸類為歐裔海外移民民族主義的晚期形式）。這些比較的用意是驚、是嚇，但也是為了促使民族主義歷史研究「全球化」。雖然我依然喜歡這樣的比較，可是它們並不太像主流「比較政府」（comparative government）的那種比較，主流的比較通常以統計數據和意見調查為基礎。

　　一直到很久以後，事實上是我終於退休以後，我才開始意識到這類型比較的基本缺陷：使用民族和民族國家作為分析的基本單位，極嚴重的忽略了一個明顯的事實，那就是現實中這些單位是被「全球性」政治思潮（political-intellectual currents）綁在一起的，譬如自由主義、法西斯主義、共產主義、社會主義等等，以及龐大的宗教網絡和經濟、科技力量。我也必須正視一項事實：極少人「純粹只是」民族主義者，不管他們秉持的民族主義多麼堅強，還是很可能被其他事物奪去注意力，包括好萊塢電影、新自由主義、看漫畫的體驗、人權、揮之不去的生態災難、時

尚、科學、無政府主義、後殖民、「民主」、原住民運動、聊天室、占星術、西班牙語和阿拉伯語之類的超國家語言……。領悟到這個嚴重的缺陷，有助於解釋我撰寫《三面旗幟下：無政府主義與反殖民想像》（*Under Three Flags: Anarchism and the Anti-Colonial Imagination*，二〇〇五年）時，為什麼不僅關注十九世紀末的全球無政府主義，而且重視全球通訊形態，特別是電報和輪船。

因為我的架構改變了，所以比較的風格也跟著更動。儘管「爪哇文化中的權力觀念」和《想像的共同體》是非常不同的研究作品，但是它們有個共通點，就是很強的縱向推動力。讀者在閱讀「爪哇文化中的權力觀念」時，會跨越三百年的爪哇歷史，而《想像的共同體》則帶領讀者從十五世紀印刷資本主義的發明，抵達二十世紀中期的反殖民運動。反觀《三面旗幟下：無政府主義與反殖民想像》的主要推動力則是水平的，基本的時間架構不以百年做標記，而是以十年為一刻度，從一八六一年到一九〇一年，只跨越了四個十年。我最感興趣的是，無政府主義之類的政治和文學發展，是如何在班雅明所謂的「均質、空洞的

時間」（homogeneous, empty time）裡，和前衛寫作（avant-garde writing）明顯連結在一起？書中討論的地方包括巴西、古巴、英國、比利時、義大利、法國、西班牙、德國、俄羅斯、南非、日本、中國、大洋洲、菲律賓。

這種研究需要一種新的敘事結構，比較像是小說在報紙上連載，而不像一般型態的學術性歷史研究作品。我邀請讀者在眾多城市之間來回跳躍，諸如那不勒斯、東京、馬尼拉、巴塞隆納、巴黎、里約熱內盧、布魯賽爾、聖彼得堡、坦帕（Tampa）、倫敦。我強調的是，當代的學習、溝通與協調，拜州際與國際電報通訊速度之賜，與意識型態、政治激進主義產生了連結。某些法國人向某些美國人和比利時人學習；某些中國人向某些菲律賓人和日本人學習；某些義大利人向某些西班牙人和俄羅斯人學習；某些菲律賓人向某些德國人和古巴人學習，餘此類推。

雖然整體壓力還是在於同時性（simultaneity）與相似性（similarity），然而這本書的核心依舊是分析全球無政府主義和本土民族主義的對比。這項對比最棒的象徵（emblem）起源於針對那段期間一大串刺殺

案的調查，地點從紐約州的水牛城（Buffalo）延伸到滿州的哈爾濱。民族主義者發動的刺殺永遠都是企圖殺死「他們自己」痛恨的國家領袖，反觀無政府主義者的刺殺目標，往往不只是自己本地的壓迫者，也瞄準其他國家惡名昭彰的政治領袖。

在此請認清很重要的一點：比較不是一種方法，甚至不是一門學術技巧，而是一套論述策略（discursive strategy）。當你想要做比較時，必須記住幾個重點。第一，不論做任何研究，你必須決定好主要的目標究竟是尋找相似性，或是差異性。舉例來說，你很難說（更難證明）日本和中國或韓國基本上是相似，或基本上是不同的。依據個人的視角、架構和盤算的結論方向，兩種情況都有可能（第一次世界大戰前夕侵略主義盛行的那些年，德國人和法國人被鼓勵仇恨對方。偉大的奧地利馬克思主義理論家奧托・鮑威爾（Otto Bauer）很喜歡引誘雙方上當，他說當代巴黎人和柏林人有很多共通點，遠比他們與各自中世紀祖先的共通點更多），因此我在這一章嘗試說明（也許同時提供一個有用的例子），我在一九七〇年代早期到二〇〇〇年代之間所寫的比較研究作品

（儘管存在真實差異），如何反映變動的觀點、架構和（政治）意圖。

第二個重點是，在合理主張的限制之內，最具啟發性的比較（不論是比較差異性或相似性），是出奇不意的比較。拿日本和中國相比，日本人都不會感到驚訝，因為幾個世紀以來日本、中國早就被比爛了，這條路徑有太多人走過，人們通常已有定見。反之，拿日本和奧地利或墨西哥來做比較，就可能令讀者感到新奇。

第三個重點是，相同國家內的長期縱向比較和跨國橫向比較，其實重要性不分軒輊。原因之一和某種教科書式民族歷史的力量有關，這樣的歷史並不鄙視神話，而且對連續性和永久維持古老「民族認同」擁有絕對的興趣。想要相信並且堅持自己長期以來飽受英格蘭壓迫的蘇格蘭人，不喜歡有人提醒他們：其實十七世紀絕大多數時間，倫敦的統治者是蘇格蘭王朝；同理，日本人也不願接受一種講法，說他們國家最早的「天皇」有部分高麗血統。因此廣泛閱讀古代歷史對學者是非常有好處的。

第四個重點是，當你做比較的時候，想一想自己

的環境、階級地位、性別、教育程度與教育型態、年紀、母語等等是件好事，不過這些狀況也可能會改變。當你開始住在一個語言不通的國家，顯然無法進行比較性思考，因為你對當地的文化一無所知。你會感到語言被剝奪，孤單寂寞，甚至感到孤立，於是到處尋找本國同胞，然後經常和他們黏在一起。你無法避免做比較，但此時做出來的比較可能嫌膚淺和天真。話又說回來，假如你的運氣好，突破了語言圍籬，就會發現自己置身另一個世界中。你就像探險家，使用在老家從來不曾用過的方式，嘗試關注和思考每一件事物，畢竟在家裡有太多東西你都視為理所當然，到了這時候你再也無法理所當然的看待自己的階級地位、教育，甚至性別。如果你耳聰目明，就會開始注意看不見或聽不到的事物，意思是你會開始注意到當下不存在的東西，也會注意到當下存在的東西，同樣的，你也會開始察覺沒有用白紙黑字寫出來的東西，以及真正寫出來的東西。不論是現在居住的國家，或是在你出身的國家，這樣的經驗都適用。

突破藩籬往往從隻字片語開始。舉例來說，印尼語中有個特別的字 gurih，專門用來形容米飯的滋味

（某本字典的解釋是「辛香可口」），如果你來自英國，就會吃驚地醒悟到英語中沒有特定的字眼可以形容米飯的滋味。另一方面，印尼語沒有像英文的 sepia 這種字眼，特別用來形容老照片的美麗色調。同理，爪哇語有個字叫 longan，指的是椅子底下或床底下的空間，英語裡也沒有可對應的字眼。

這一段和新語言較勁的時間，尤其有益於訓練自己更認真地做比較，因為你腦袋裡還沒有一套可以自動翻譯外語的美好機制。你慢慢地認識足夠的東西，這才能夠進一步注意到更多，儘管如此，你依然是個外人。假如你接下來在此地待得夠久，就會像在老家一樣，再次視事物為理所當然，也變得沒有像先前那麼好奇、那麼有觀察力，譬如你會開始對自己說：「我已經徹底了解印尼。」重點是，良好的比較往往來自陌生和缺席的經驗。

Interdisciplinary

# 五、跨學科研究

在法國大革命之前，大學的數量既非不可勝數，地位也不是很重要。直到一八四八年的動亂，學生才開始在歐洲政治扮演重要角色。那一年發生的大事，不只有馬克斯和恩格斯（Friedrich Engels）發表《共產黨宣言》（Communist Manifesto），還有一波叛亂事件，激進分子、自由主義者，特別是年輕的民族主義者紛紛起義，反抗控制中歐和東歐的保守統治者，也就是哈布斯堡（Habsburg）、霍亨索倫（Hohenzollern）、羅曼諾夫（Romanov）、鄂圖曼（Ottoman）這些帝國。整體來說，知識生活的輪廓是由階級結構所塑造的，這個階級結構中最有力的是教士，其次是貴族。教士和貴族通常都很富裕，尤以貴族為甚，他們都不需要工作維持生計。如果想要從事知識研究，教士在修道院裡就能進行，貴族則可以自掏腰包支應。基礎建設的成本並不高昂，大修道院都有藏書豐富的圖書館，貴族不須花太多錢，也能興建良好的私人圖書室，此外報紙也很便宜。中產階級知識分子如果私人收入不足，還能仰賴貴族贊助。十八世紀時，山繆・詹森（Samuel Johnson）自己手寫一部著名的英語字典，而且是隻手獨力完

成——這在今天根本無法想像。大學通常是靜謐安詳的地方。

　　直到十九世紀工業資本主義肇始，西歐中產階級在經濟和政治方面崛起，才真正帶動了大改變。工業化的快速進步以持續不斷的科學技術創新作為基礎，需要對硬科學（hard science）更系統化、分工更細的研究，為了交換資訊和思想，於是產生各種專精化期刊。由於物理學、化學、生物學等學科的發展需要越來越多詞彙，這些「語言」很快就變得太難理解，普通知識分子趕不上它們發展的速度。你可以說這是工業社會全面分工加速進行的結果，然而同樣的現象並沒有如願發生在當今所謂的「社會科學」和人文學科上。進入二十世紀很久之後，受過教育的普通人依然能閱讀關於經濟學、社會學、人類學、史學、心理學、政治學，甚至哲學的重要書籍，難度並不大。

　　隨著工業化的到來，國家現代化和合理化促使各種職能大幅擴張：衛生、教育、農業、勞工、科學、文化、資訊都各有專屬部門統轄，此外還有不計其數的專門委員會負責貿易、移民、都市計畫等事務。貴

族的人數太少了，無法填滿這些迅速增生的官僚機構職缺，哪怕他們有心這麼做，還是無法如願。因此國家需要的大量官僚必須來自中產階級，而他們需要接受更好、更現代的教育。這一來教育有了新的重要性，需要正經的改革，為此國家有史以來第一次承擔教育人民的中心責任。在這個過程中，德國各邦走在前端，成為歐洲各地和後來的美國仿效的模範。這項改變在美國比較特殊，因為美國從來沒有真正的貴族。

然而要強制對多門學科「合理排序」並不容易，而且曠日廢時，人文學科和社會科學尤其困難。舉例來說，英國的古典研究地位一直很高，直到第二次世界大戰之後才改觀。「紳士」（gentlemen）都受過恰當的文明教養，而通曉古典學本來就是這種教養的一部分。不過古典研究本身就摻雜歷史、考古學、文學研究、哲學，語言學、藝術史。東方研究的地位比較沒那麼崇高，但也很重要，和古典研究一樣摻雜大量內容。文學的分科並不科學，分成英語、法語、德語、義大利語、俄語。人類學發展得比較晚，這門學問衍生自殖民研究和民俗研究，最終還得到馬陵諾斯

基式（Malinowskian）的田野調查支持，在第一次世界大戰之後才成為顯學。社會學在德國和法國比較盛行，在英國直到一九四五年之後才被大學完全接受；很多地方都把人類學和社會學當作單一學科的局部層面。拜大衛・休謨（David Hume）和亞當・斯密的崇高聲望之賜，政治學和經濟學也密不可分。歷史是按照年代和國家劃分，分類方式並不科學，至於哲學則混合零碎的數學、語言學、思想史、政治學。

　　英國有一件事很有意思：直到最近，想要謀得大學教職或從事頂尖研究，並不見得需要博士學位。一九五〇年代中期我在劍橋大學的時候，經常聽說年齡較長的老師嘲笑美國人「瘋」博士，說他們純粹是漫不經心的模仿德國作風。德國在十九世紀後半葉統一成為邦聯之前，每一個邦都設有自己的大學，以便訓練未來的官僚和教授。想要在這些大學教書的人需要得到博士學位，所以德國有很多博士。反觀英國大學通常建立在主席制度上，一個系只需要一位正教授。系上一旦任命新教授，就不太需要其他成員寫博士論文了。正因為如此，英國學者往往瞧不起那些視博士學位為晉升教授或社會階梯之必要條件的德國學

者和美國學者（尤其是美國學者）。另外還有一個原因是，即使是經濟學或社會學，都得不到多少學者真心相信它們可以稱之為真「科學」，多數認為這些科目更接近實務領域，和東方研究之類的學門差別不大。有些人可能是出於懷舊心態，宣稱當年的學術界基本上是跨學科的，但是我認為這種論調不合時宜，因為做研究若要跨學科，首先要存在不同學科才行，而一直到學科成為大學的內建機構與社會結構，它們才對學術界具有重大意義。在這個過程中有三項重要發展起了作用。

第一項發展是成立專業學會和出版專業期刊，顧名思義，它們宣稱「代表」各學科在全國的豐沛性：舉例來說，美國歷史學會（American Historical Association，一八八四年成立）發行《美國歷史評論》（*The American Historical Review*，一八九五年創刊）；美國經濟學會（American Economic Association，一八八五年成立）發行《美國經濟評論》（*American Economic Review*，一九一一年創刊）；美國人類學會（American Anthropological Association，一九〇二年成立）發行《美國人類學

家》（*American Anthropologist*，一八八八年創刊），原先是由華盛頓人類學會（Anthropological Society of Washington）發行；美國政治學會（American Political Science Association，一九〇三年成立）發行《美國政治科學評論》（*American Political Science Review*，一九〇六年創刊）。（有趣的是，好友加藤剛告訴我，美國的這項發展和時間排序，與日本的情況幾乎完全一致。）由於主導這些期刊編輯委員會的都是卓然有成的學者，難免會有個人偏見，形成自己的小圈圈，於是受到排擠或邊緣化的其他學者很快又創辦自己的專業期刊，雖然是相同的學科，卻有不同的偏見和追隨者。在同行評審期刊（refereed journal）上發表論文，是年輕教授能否獲得終身教職和升遷的重要決定因素，所以期刊的數量暴增，而且大多數宣稱屬於特定學科。我的資深同事兼摯友有一次忍俊不禁的談到同行評審期刊上的文章，他算過那些文章的平均讀者數只有兩、三個人。

第二項重要發展是大學內部的權力結構重整。最明顯的跡象是財務制度撥給以學科為基礎的系最多預算。人事任命和終身教職的決定權，幾乎完全掌握在

各系手裡，在後來的許多案例中，這種權力造成相當保守、有時還令人發笑的後果。在各系內部，權力典型集中在年長教授的手裡，他們早就過了全盛時期，等到明白時不我予，就變得不信任擁有新技巧、新興趣的年輕學者研究的成果。

第三項重要發展是這些系建基在一個美好的想法上：學科是在廣泛學術知識領域內的科學分科，而標識每個分科的是一套基本的共同論述（common discourse）。事實上，這個想法根本是虛構的，因為學術知識一直都在改變，而且是朝許多不同的方向在改變。舉例來說，人類學系最初在美國成立時，將考古學和演化生物學都納入系上的課程。然而有鑑於考古學是技術性很強的領域，化學是重要的元素，而「人類的興起」理論促使學者往回追溯更久遠的「人類始祖」（hominid，又稱人科），需要加強掌握生物學，因此人類學便逐漸與考古學、生物學等其他的學科脫鉤了。

文化人類學者和考古人類學者都碰到相同的演化生物學問題，而演化生物學者則面臨先進親屬關係研究和比較宗教體系的問題。這些學者通常不會閱讀彼

此的論文，畢竟他們的文章各自發表在不同學科的期刊上。事實上，他們所生存的系，只是徒有行政和預算的外表罷了。

我自己在康乃爾大學的經驗中，有一則軼事可能具有啟發作用。有一天藝術與科學院的院長把我叫去，當場還有一位我不認識的數學家，院長派我們兩人去研究心理系的一個嚴重問題。問題的近因是心理系拒絕授予一位受歡迎、高生產力的年輕教授終身教職，這個教授已經針對該決定提出申訴。院長也告訴我們，過去十年來心理系沒有授予任何教師終身教職。我和那位數學家調查時，發現一個不可思議的情況：擁有終身教職的老師分成勢均力敵的三派，除了彼此嫌惡和欠缺了解之外，幾乎完全沒有共通點。行為學派心理學者研究小鼠（mice）和大鼠（rats），和生物科學的關係密切。另一派堅決秉持法國精神分析學者雅各‧拉岡（Jacques Lacan）和傳奇學者西格蒙德‧佛洛伊德（Sigmund Freud）的理論。第三派自稱社會心理學者，他們研究的對象和前兩派不同，例如目睹同一場車禍的人，為何事後敘述車禍故事時所講的內容天差地遠。

我們一下子就明白為什麼心理系十年來都沒有人拿到終身教職了：任何候選人都會被另外兩派否決，他們對候選人所屬的一派要嘛不感興趣，要嘛瞧不起。即便在我自己的系上，兩派人馬涇渭分明的情況也越來越明顯，一派擅長複雜的數學模型和公式，另一派主要研究柏拉圖或尼采，他們根本不了解對方所寫的論文，往往也不想試著去了解。

　　我已經不記得院長最後決定怎麼做，可是我有很強的直覺：院長大概會承諾，如果受評的那位社會心理學者獲得終身教職，那麼他就會給心理系添兩個新職位（一個給老鼠，一個給拉岡，大致就是這個意思），在此同時，院長明白如果要分割這個系，或是將某些教員移到另一個科系，他將會遭遇極其強烈的抵抗。體制慣性、對削減預算的恐懼、擔心長期和短期可能損失「職位」，這些全都在內部鬥爭中扮演某種角色。

　　除此之外，還有環繞大學的兩大社會轉型也加劇上述問題，其中一個關乎數量，另一個關乎品質。一九○○年，美國獲得學士學位的大學畢業生將近三萬人，佔美國同齡人口的百分之二以下。到了二○○

五年，這個數字已經暴增到將近一百五十萬人，大約百分之三十六的美國年輕人擁有學士學位。然而這樣的增長速度並不平均，以每十年來估算，第二次世界大戰結束時，接受大學教育的人絕大多數仍然出身富裕家庭和人脈充沛的家庭。接下來的二十年，社會無比繁榮，大學快速擴張，學生註冊人數同樣大幅增加（目前美國的四年制學院和大學超過一千四百所），人們極為渴望獲取大學文憑所帶來的許多好處。這項改變背後的社會力量，是數量龐大的美國人在戰爭期間被國家動員，黑人和婦女首度接受徵召，而他們以前都遭到歧視之苦。戰後退役人員組織強有力的政治遊說運動，主張自己為國犧牲必須獲得補償，要求政府提供巨額經費讓他們接受大學教育。這項遊說的結果是國會通過一九四四年軍人復員法案（Servicemen's Readjustment Act of 1944），也被非正式的稱為美國軍人權利法案（或 G.I. Bill）。

學生就學人數激增的直接結果，就是教授職位迅速擴增。我在前文描述過，一九五八年我抵達康乃爾大學時，政府系的規模非常迷你——系上只有八位教授，全部是男性。接下來的十五年，教授人數幾乎翻

成四倍，而且也不全是男性了[19]。儘管如此，以一所頂級大學來說，康乃爾的政府系還是個小系；反觀哈佛、柏克萊的政府系，教授人數就多達七十幾位，因此系上很難安排會議，教授之間也比較難建立與維持密切關係。

　　至於品質的部分，上述這些數量的改變產生一個重要的反應，那便是「專業精神」（professionalism）的新意識形態開始取代源於歐洲的老派學術傳統。從某個層面來看，學校對研究生的要求起了巨大變化，正可彰顯這項轉型。初抵美國時，我和同學必須通過法語和德語的閱讀能力測驗（這是學術界的另外兩種傳統世界語言），才能夠拿到博士學位。到了一九七〇年代初期，學校給了替代選項：選擇考法語或德語，不然就要修一年統計課。最終系上都不再要求學生通曉外國語言，除非學生打算去海外做田野調查。

　　我在一九六一年前往印尼之前，必須先通過五科考試（比較政治、政治理論、美國政治、美國政治社會學、亞洲政治），分別由五位教授出題，連續考五天。十五年後，學生只需要考兩科政治學，由教授組成委員會標準化出題，而且兩科考試之間可以相隔好

幾個月。這些年輕學生和我們當年一樣用功，不過他們受的是「專業」訓練，也就是和其他好大學差不多的標準化課程，課程的閱讀清單大同小異，而且都強調「當前理論」（這些很快又會被其他理論代替）。我之所以說「專業」，是因為學生是受「訓練」，而不是受一般概念的教育；受訓的概念是讓學生在完成論文之後進入「學術就業市場」（此時肇始的講法）時，具有競爭力。通過這類考試並且取得博士學位，逐漸被視為專業資格，方法等同於想要成為醫師和律師的人必須通過專業考試，才能取得行醫和執法的證照。

從另一個層面來看，專業化和科系大幅擴張導致系文化出現很大的改變。誠如前文所述，早年我當學生時，每個學期都會和同學打工當助教，所以與大學部學生以及系上寥寥可數的教授都接觸密切，我們會

19. 作者注：根據《紐約時報》（New York Times，二〇〇八年七月三日）的報導，一九六九年，美國教授中女性占百分之十七・三，到了二〇〇八年，這個數字已經將近百分之四十。

根據教授的興趣和專門知識來選主要指導教授。十年之後，拜慷慨的獎學金之賜，研究生人數激增，他們很少在大學部教書，並不是因為懶惰或自私——他們忙著緊盯自己的教授，也忙著適應專業精神。

隨著科系的擴張，頂尖教授往往不再教大班的大學部課程，而是把它們留給資淺的老師去教，自己專心指導研究生的研討會。但是這個過程反過來在學生選擇主要指導教授時，造成了令人側目的不對稱效果——主要指導教授通常只限五、六位，都是最知名的（年長）教授，研究生盤算這些「大名鼎鼎」的教授對自己找工作大有幫助。最後，學生缺少很強的誘因去修其他學科所開設的課程，因為這麼做對年輕學子在就業市場的助力乏善可陳，甚至會使他們看起來像「業餘」人士。

儘管如此，實際上還是有相當強的反作用力。有很長一段時間，最突出的代表當屬區域研究，就像前文所提到的，政府和關心教育的私人基金會給予財務和其他支援。舉例來說，一九五〇年代康乃爾大學就已經有中國－日本學程、東南亞學程、南亞學程、拉丁美洲學程，後來又加入了西歐、東歐、中東等學

程。二戰之前康乃爾也有一個亞洲研究的小科系，主要招攬對戰前中國與日本的歷史、文學、宗教體系感興趣的學生和老師。過去學校教授文學和歷史時只限於歐洲文學和歷史，可是有了文學系和歷史系之後，就無法避開亞洲不談。在英國，這些內容納入東方研究之中，在美國則一股腦塞進亞洲研究的科系。

上面所說的全部區域研究學程，或多或少都有跨學科研究，許多學程發行自己的刊物、開設獨家課程，也安排每週一次「自帶午餐」的會議。我這裡說的「跨學科」指的是一個學程的教師包含來自不同學科背景的教授，而且准許研究生跨越這些不同的學科，選擇三位教授擔任自己畢業論文的評審委員。這和「多學科」（multidisciplinary）不一樣，多學科通常是指某個特定學科背景的學者在自己的分析中融合其他觀念和學科。

在全國層級也設有各種學會（並發行自己的期刊），例如亞洲研究學會（Association for Asian Studies）每年舉辦大規模年會，同時也組織幾十個研討小組，發表數百篇論文。儘管如此，跨學科學會的氣氛還是和標準的單一學科年會氣氛大不相同，後者

有一個重要環節是謀職——學生都期待自己的主要指導教授把他們介紹給其他大學有影響力的資深合作對象，順便替他們美言幾句，還期望藉此得到面試職缺的機會。反觀參加亞洲研究學會年會的學生，幾乎都不指望得到面談機會，也不期待結識「關鍵人物」，因為區域研究學程很少有能夠自行聘用人選的職缺。所以這種年會氣氛比較不緊張，研討小組更多樣化，也更有樂趣，很像年度大型度假盛會。

各學程為了延攬心儀的人才，都非常借重大學以外的支援，以及英明的大學行政人員。區域學程本身也有很大的勢力差異，長期下來一樣面臨改變。直到美國在中南半島挫敗之前，東南亞學程一直頗具影響力，也深受大學部學生的追捧。一九七〇年代晚期和一九八〇年代，日本卓越的經濟成功令美國產生短暫的警覺，當時日本研究非常吃香。傳統上中國研究一向很熱門，後來一旦對美國學者開放，中國研究就變得非常盛行。南亞研究相對弱勢很多，部分原因是人們似乎認為南亞「還是英國的」，其實主要原因是華盛頓不怎麼擔心這個地區。印度是「全世界最大的民主國家」，唯一例外是甘地夫人（Indira Gandhi）

擔任總理期間曾短暫實施戒嚴，比「赤色中國」更讓美國放心。最後一個因素是印度和舊巴基斯坦（Old Pakistan）對外國學者（尤其是美國學者）的限制越發嚴苛：越來越難取得簽證，官方宣稱過於敏感、不許調查的題材也越來越多。

我不認為單一學科和區域研究之間的緊張關係全是壞事，因為直到一九九〇年代，研究經費依舊很充裕，雙方通常都有讓步與和解的空間，各大學也仍然在擴張，兩種環境下的學者人數都還相當多。可是區域研究的聲譽提振，到頭來還是要靠製造「大名鼎鼎」的人物，中國—日本研究有費正清（John Fairbank）、賴世和（Edwin Reischauer）；東南亞研究有吉爾茲和卡欣；南亞研究有蘇珊·魯道夫伉儷（Suzanne and Lloyd Rudolph）。

話雖如此，區域研究學程（特別是亞洲方面的學程）手裡還是有一張王牌：「外國學生」，從「全球化」這個不嚴謹的概念伊始，外籍學生的數量就翻了好幾倍。這些學生並不包含西歐人，因為他們都被美國人一廂情願的視為「自己人」。反而是越來越多泰國、拉丁美洲、印尼、日本、菲律賓、韓國、印度、

斯里蘭卡的學生來到美國就讀，後來更有伊朗、非洲、阿拉伯學生前來。我記得這件事一開始還引發一波溫和的本土主義者反彈。我曾聽過一些同事抱怨：「這是給美國人上的美國大學」、「這些亞洲人不會說英語，上課聽不懂，當不了助教，也不會理論性思考。」可是這些同事漸漸習慣外國學生（其中有一些極為出色），甚至變得喜歡他們。到了一九八〇年代晚期，我們系甚至聘用了亞洲籍教授。

日本大學花了更久的時間才看出引進外國學生的好處，最重要的好處是對日本學生自己大有助益。以學科和區域研究之間的關係來說，戰後的日本提供很有趣的對比。似乎從早期開始，日本的學科和區域研究制度化就和美國的型態不同，可以形容為區隔（segregation）的過程，而非不平等的整合（integration）過程。在日本一流大學裡，學科的制度力量甚至大過美國，原因很可能是始自明治時期的現代日本教育受德國的影響很大，雖然在許多方面表現卓越，但是卻比整個亞太地區國家的大學更階級森嚴，因此很難建立跨學科的區域研究學程。表面上看來，教育部制定政策的官員明白區域研究對政治、經

濟、外交政策具有潛在好處，因此決定設置一堆各自分離的研究所，或在既有的大學內部或外部創辦專門學院，讓研究區域的人才得以共聚一堂（儘管他們的聲譽比不上主流大學的教授）。

此外，戰後的日本有很長一段時間，並不存在像洛克菲勒、福特、梅隆（Mellon）之類極為有錢、有影響力的基金會；美國的這些基金會提供金錢和政治支援，使區域研究得以在美國的大型大學裡形成制度。然而日本制度也有它的優點，最重要的優點是區域研究學者享有真正自主權，而缺點則是這些專門研究所的財源和權力完全仰賴教育部，有時候很難抗拒教育部要求他們湊政策熱鬧的壓力。此外，這也意謂學科和研究所的知識分子文化不會常常發揮彼此交流的用處。

最後，美國大學在「激進的六〇年代」動盪時期留下一個重要效應，那就是我們今天所說的「認同政治」（identity politics）[20]。這類研究的先驅者是激進

---

20. 譯注：identity politics，或譯身分認同政治。

的黑人學生，他們要求大學主管當局開設黑人研究學程，聘用更多黑人教授，招收更多黑人學生。接下來女性主義者、男同性戀者、女同性戀者很快跟上這股風氣，他們言之鑿鑿的爭論學校標準課綱一逕忽略或邊緣化他們的歷史角色，害他們幾百年來都遭受歧視之苦。

一九七〇年代，多個不同的弱勢民族—種族團體也加入這波浪潮，包括美國原住民和第一代移民在美國生下的子女，這些移民來自中美洲、南美洲，以及東亞、東南亞、南亞的許多國家。大學回應後者的要求，考慮到他們的人數相對較少，開始成立亞美研究（Asian-American Studies）學程，聘用有能力針對學生身分認同的興趣開設相應課程的年輕教授。這類「混合」學程中，只有少數非常成功，舉例來說，菲律賓裔美國學生和薩摩亞裔美國學生、華裔美國學生、泰裔美國學生的共同興趣很稀少，大家都想要選修那些主要關於個人故國的課程。

在我回到康乃爾之前，大學的擴張已經促進我們系聘了一位中國專家。我成為初級教授（junior professor）那一年（一九六七年），學校也聘任一位

耶魯大學訓練的拉丁美洲研究學者。再晚一些來了一位印度專家，此人也對女性主義政治感興趣。接下來的五年我太專心開發新課程、管理一項大學部學生的指導計畫，以及設法追蹤蘇哈托政權下的印尼情勢，所以不太管系上的事務。

　　等到一九七一年至七二年系上審核我的終身教職案時，已經很難把我弄走了，因為當時越戰打得如火如荼，支持我的卡欣既有影響力又備受尊敬，而且我已經滿足最關鍵的條件——康乃爾大學出版社準備出版我的畢業論文。儘管如此，後來有一位資深同事對我說：「你的書我沒有讀完，不過看起來寫得很好。書裡是不是只有歷史？理論在哪裡？不過我對你的爪哇文化中的權力觀念很有興趣，尤其是你談到的馬基維利、霍布斯（Hobbes）、馬克斯和韋伯。」事實上，除了卡欣之外，沒有人感興趣，我覺得自己在系上好像是外人。後來我從學生那裡聽說，某個才華出眾的資深老師對他們說：「安德森很有想法，可是他基本上只會做區域研究」，言下之意我是個二流角色。我倒不介意這樣的評語，因為我也自認基本上就是個做區域研究的人。

當倫敦的維索圖書（Verso Books）出版《想像的共同體》時，有一件事很奇怪：大西洋兩岸一開始對這本書的接受態度大異其趣。在那些遙遠的年頭，英國依然擁有「優質報業」——意思是頂尖知識分子和學者經常會撰文在優秀的報紙上刊登，包括評論家和散文家在內。令我驚喜的是有好幾位學者為這本書寫了相當熱情的評論，包含劍橋大學著名的人類學者李奇（Edmund Leach）、傑出的愛爾蘭政壇人士兼政治史學者康納・奧布賴恩（Connor Cruise O'Brien），以及剛嶄露頭角的牙買加馬克思主義者溫斯頓・詹姆士（Winston James）。當然，他們全都熟知英國境內關於民族主義的長期論辯，所以能夠為我的貢獻找到定位。

反觀在美國，這本書幾乎徹底遭到漠視。從某方面來說，這也算公平，因為這本書一開始就不是為美國人寫的。此外，在美國並不常見全國性優質報紙。不過還是有一位從歐洲移民來美國的老政治學者寫了書評，他在專業期刊《美國政治學評論》（*American Political Science Review*）發表對《想像的共同體》的評論，認為除了書名吸引人之外，毫無價值可言。

隨著一九八〇年代末期冷戰結束、蘇聯瓦解，這種情況開始迅速改變。美國和所有帝國一樣，需要有敵人，於是「危險的民族主義」（當然不包括美國民族主義）崛起，填補了「共產黨威脅」蒸發之後的真空。我至今仍清晰記得接到凱南研究所（Kennan Institute）一位高級主管打來的電話，這個機構是研究蘇聯的重要中心之一。對方央求我搭飛機過去凱南研究所演講，我問他原因（因為我對蘇聯和俄羅斯的了解十分有限），他的回答令我大吃一驚：「蘇聯研究完蛋了，錢都不進來了，我們的學生找不到工作。前蘇聯的一切如今都和民族主義有關，而我們這裡幾乎沒有人研究過民族主義。你是全國少數可以幫我們重新站起來的人。」我沒有去。

第二個因素是《想像的共同體》主要靠口碑，在多個學系廣受歡迎，諸如歷史系、社會學系、人類學系，還有比較奇怪的英語系和比較文學系，而且被廣泛選用為研究所的教科書。政治學系是明顯的例外，可是最後也在學生的要求之下屈服，開設了民族主義課程；令人訝異的是，過去美國從來沒有開過這種課程。如此一來，已經五十幾歲的我赫然發現自己的地

位完全改變了：我忽然變成了「理論學者」，而不只是搞區域研究的角色。甚至有人催促我教一門研究所的「民族主義理論」課程，以前我從來沒想過會有這種事。我覺得好笑的是，來修這門課的不只是政治系的學生，還有歷史系、人類學系、比較文學系、社會學系的學生。

教「民族主義的理論與實踐」這門課很有趣，因為我強迫年輕的人類學者去讀盧梭（Rousseau）的作品，政治學者去讀十九世紀的古巴小說，歷史學者去讀李斯特（List）的經濟學，社會學者和比較理論學者去讀丸山真男[21] 的政治思想。我選擇丸山真男是因為他是政治學者、亞洲人／日本人，而且非常聰明，飽讀眾多領域的知識，還有很敏銳的幽默感與歷史感。幸運的是，丸山真男的作品已經被翻譯成英語。我很清楚學生所受的訓練太專業，以至於不是真正了解其他學科的學術術語、意識形態和理論。所以我身為老師的責任是拆除這些學術溝通的藩籬。

大概也是在這個時點，大家開始討論「跨學科研究」的概念，我猜測最初這項新興趣所反映的是挫折——人們對於不同學術領域明顯格格不入，而學系

保守的制度權力又自稱代表學科。以學科為基礎的學系傾向維持現狀、保有既得利益，然而學術圈可能無法貼合現有學系的邊界（boundaries），因為學術領域也許會為了因應各種現象而改變輪廓，包括發展中的歷史情境、社會需求、研究者的學術興趣等等。如今在我們的時代，這種情況尤其明顯，畢竟到處都明顯看得見快速的社會、經濟、政治、科技變遷，因此不契合的情況出現，而且進一步蔓延。不過，還有其他跡象顯示有越來越多跨學科研究，不同學科各取一小部分，和其他學科結合在一起；有趣的領域如文化研究和後殖民研究欣欣向榮。也有一些樂觀的看法，認為跨學科研究會有助於拉近學科和區域研究之間的距離。另外，「流行」也扮演重要角色，只不過為時短暫。

　　假如說跨學科研究的整體概念很吸引人，這個概念其實也是模糊的，容易引出非常不同的詮釋方式。

---

21. 編注：丸山真男（一九一四～一九九六），東京大學法學部教授，專攻政治思想史，公認是第二次世界大戰後日本影響力最大的政治學者。

關於跨學科研究有兩種最基本的看法，在此大致描述如下。第一種來自拉丁文的字首 inter-，意思是「之間」，換句話說，研究者把自己放在不同學科「之間」空虛的空間裡。舉個例子，如果你想要研究在國家政治、社會、歷史、經濟情境下，菲律賓易裝癖所使用的精緻且常帶詩意的俚語，那麼這些學科之間是否有足夠的空間，可供你從事此類研究？有沒有性別研究的學科幫得上你？沒有的話，原因是什麼？從事這些研究路線的人製造大量有趣和寶貴的素材，他們臨時向好幾種不同的學科借用材料，可是研究本身往往亂糟糟、傳聞性質居多、在知識上前後無法連貫。對於這類人來說，「文化研究」是有用的、光鮮的名號，可是有些人不太明瞭，真正優秀的文化研究是非常難進行的。

第二種看法暗示，系統性結合兩門以上學科的基本架構和工具，是相當困難的任務。這種方法需要精通每一門學科，並且要有一個經過審慎考慮、可以在其間運作的超架構（suptra-framework）。唯有真正超凡卓絕的心智才能夠做好這件事。大衛・萊廷（David Laitin）出色的比較研究就是個好例子，他研

究語言政策的政治和日常語言的使用，闡釋政治學和社會語言學可以怎樣巧妙的結合在一起。不消說，上述這兩種「基本看法」代表光譜的兩個極端，許多學者努力的位置落在兩極之間的某處。

我們也必須探查許多年輕學者的研究，是在什麼智識文化中做規劃和獲得資助。這方面美國再次成為好例子，哪怕是極端的例子。博士論文研究的資金和支持通常來自私人基金會與（或）政府單位，要成功獲得資助，往往需要一份出色的提案，「有條有理、簡潔明瞭、架構嚴謹」，因為這些機構的評審往往是有聲望的「學科」教授。在學生的口耳相傳下，提案過關的「成功祕訣」很快就人盡皆知。正因為如此，如果你是這種審查委員會的成員之一，就會發現學生的提案看起來都很類似。

政治系的學生按理需要提出一項假設，然後在接下來的一年內證實或推翻那項假設。限定時間是個壞主意，因為在這麼短的時間內要完成使命太難了。此外，要求提出假設通常也是個壞主義，因為這樣做暗示從一開始就只能有兩個一般性的答案：是或非。規模永遠是難題，假如學生說想要研究日本明治時期的

性意識形態和實際性行為，大概會得到這個建議：
「只要談性意識形態就好，找一段有趣的十年，然後把你自己限定在東京地區，否則你永遠寫不完，也別想找工作了。」有鑑於真實的財源和市場限制，這種建議並非不合理，只是難以激發大膽或有企圖心的研究。

　　想要展開有趣的研究，至少在我看來，理想的方法是從一個你不曉得答案的難題或疑問出發，然後必須決定選用哪種智識工具（intellecual tools），例如論述分析、民族主義理論、意見調查等等，這些可能幫得上你的忙，也可能幫不上忙。不過你也需要尋求朋友的協助，對方不見得和你研究同一門學科或學程，你的目的是擁有盡可能寬闊的智識文化。此外，你通常也需要好運氣。最後你需要時間去凝聚、發展你的想法。為了說明起見，我便用《想像的共同體》為例。這項研究始於我提問自己不知道答案的疑惑：民族主義什麼時候在哪裡發源？為什麼民族主義有這麼強的情緒力量？什麼「機制」可以解釋民族主義迅速散播且無遠弗屆？為什麼探討民族主義的史學往往充滿神話，甚至荒誕不經？為什麼關於這個主題的書

籍那麼讓人不滿意？我應該閱讀什麼別的書籍？

　　開始這項研究時，我只確定兩件事：第一，答案有一部分必須落在使世界改頭換面的資本主義。不過馬克思並沒有花太多注意力在印刷資本主義上，而伊莉莎白・艾森斯坦（Elixabeth Eisenstein）之類的傑出學者雖然對印刷著墨很多，卻不怎麼關心資本主義。所以呢？第二，答案的另一部分必須反駁那個標準的歐洲觀點，也就是民族主義是從古老族裔發展出來的。反駁的原因是這個觀點無法解釋早期的美國民族主義，也無法解釋第三世界反殖民運動的晚期民族主義。弟弟羅瑞建議我閱讀法國史學家呂西安・費夫賀（Lucien Febvre）與亨利—讓・馬爾坦（Henri-Jean Martin）合寫的經典巨作《印刷書的誕生》（*L'Apparition du livre*），書中精心描寫資本主義和印刷的早期結合，附帶鉅細靡遺的細節，吉姆・西格爾很慷慨的送給我一本。透納的研究很有啟發性，尤其是他令人不安的關於「朝聖」（pilgrimage）的半心理學（semi-psychology）觀念，剛好給了我正在尋找的線索，我需要用這條線索來解開克里奧爾人和反殖民的民族主義之謎。

長久以來我一直熱愛班雅明所寫的那篇難懂的論文「歷史哲學論綱」（Theses on the Philosophy of History），尤其是他提出的艱澀概念「均質、空洞的時間」（homogeneous, empty time）。可是直到吉姆（又是他）送我一本奧爾巴赫的《摹仿論：西方文學中現實的再現》（*Mimesis: The Representation of Reality in Western Literature*），我才開始想到可以運用這個觀念。這本書裡最令人著迷的是關於古代和中世紀的章節，揭露了完全異於現代的時間概念。閱讀這本書又引導我認識法國大師級的中世紀歷史學者馬爾可・布洛克（Marc Bloch），後來還引領我發現戴維・蘭德斯（David Landes）當時剛出版不久的那本關於時間和時鐘的書。

寫這本書的最後一個因素完全是意外。某次我和一位研究美國的學者朋友閒聊，話題轉到哈莉葉・史托（Harriet Beecher Stowe）寫的《湯姆叔叔的小屋》（*Uncle Tom's Cabin*）[22]，那本書在海外賣得非常好。朋友告訴我這本書出版後在美國國內的境遇，極具啟發意義。支持奴隸制度的評論者毫不留情攻擊該書，批評它就算不是徹底的謊言，也全是瞎編出來

的。史托女士被這些批評激怒,於是出版一本很厚的書,將撰寫《湯姆叔叔的小屋》這本小說時所仰仗的一切文獻都附上,以資佐證。然而有興趣買這本書的人少之又少,這令我聯想到法國小說家埃米爾·左拉(Emile Zola)的《萌芽》(*Geminal*)、伊凡·屠格涅夫(Ivan Turgenev)的《父與子》(*Fathers and Sons*)、愛德華·戴克爾(Eduard Douwes Dekker)的《馬格斯·哈弗拉爾》(*Max Havelaar*),以及其他幾本一出版就發揮極大政治影響力的小說。這些小說至今仍有讀者,然而除了專業歷史學者之外,沒有人熱衷閱讀這些偉大小說作為基礎的「事實」。

這麼說來,是否有一種感覺讓人認為虛構的小說比現實更真實?如果有的話,小說怎麼可能看起來這麼超現實?只是因為小說的內容嗎?還是和小說的內在形式有關?我從這些奇怪的影響中,終於明白班雅明所說的均質、空洞的時間可能對我有幫助。超現實小說的弔詭使得循相同路線思考民族主義變得可行,

---

22. 譯注:早年譯名《黑奴籲天錄》,一八五二年出版。

因此一位德國政治經濟學者（馬克思）、三位法國歷史學者（布洛克、費夫賀、馬爾坦）、一位英國人類學者（透納）、一位德國哲學家（奧爾巴赫）、一位美國小說家（史托）、一位德國哲學家兼文學評論家（班雅明）——他們全都對《想像的共同體》這本書的成形至關重要，但也都對民族主義不怎麼感興趣。然而這些人集合起來，卻讓我找到（我認為）解決難題所需要的工具——最初我根本無法掌握這項難題。

如果說我的書是跨學科研究，這說法恰當嗎？馬克思、班雅明、史托都已作古多年，而且也不是教授，至於教授級的三位法國學者和奧爾巴赫，我不確定他們是否自認代表相應學科，倒是透納很可能認為自己代表人類學科。不過《想像的共同體》並沒有系統性企圖建立超學科觀點（哪怕馬克思主義一直都在）。既然如此，那麼這本書隸屬一門學科之內嗎？它顯然不屬於歷史，因為並不是以文獻或其他主要來源作基礎。屬於政治學嗎？我的參考書目裡只列了一、兩本政治學的書。話雖如此，這本書全是關於單一政治力量，而它的基本架構則是直接來自於我所接受的比較政治學的訓練。

關於跨學科研究還有另一種思考方式，我在先前已經暗示過。所有的學科，僅僅是為了成為一門學科，都必須自認為具有邊界和某些內規，即使這些邊界和內規會隨時間而改變也不例外。這麼做就等於是遵循更廣大的邏輯，也就是工業社會和後工業社會不斷擴張的分工。原則上形成邊界、創造內規和標準都不是問題，只要它們被有意識的視為務實的設計，以及能夠促進全域學術努力的實踐手段即可。

　　我們拿運動來比喻就很清楚了：打網球用的是一顆圓球和一張網子，球的尺寸和網子的高度都有規定，可以得分的空間也都是按照規定劃分好的，球員不許用手臂、雙腳或頭部碰球。如果是踢足球，球的尺寸要比網球大很多，球場上還需要設有特定高度的球門，球員可以用頭和腳碰球，但不得使用雙手。足球場比網球場大很多，場地劃分不同，「得分」的規矩十分詳細。可是這些規定也是會隨著時間改變的。假如你喜歡打網球或踢足球，就必須知道不同的型態和規定，沒有人會想要玩「跨運動」（intersports），任何人停下來不玩的時候，自己心裡都很清楚。

　　相較之下，這種意識在學術界就少見很多，因為

學術生活按理說是為了追求真理，而不是為了好玩（邊界和規定就是為此才訂定的）。我第一次向同事建議系上應該開一門政治科學史的課程時，沒有人覺得這是好主意，我從務實的角度詮釋同事的抗拒心理：也許他們認為系上沒有人能教這門課？結果這並不是原因，問題出在如何詮釋「政治」和「科學」的關係。如果你強調「政治」，那麼這門課就必須從柏拉圖開始教，然後一路教到法蘭西斯・福山（Francis Fukuyama）。如果把重點擺在「科學」，那麼這段歷史頂多回溯一百餘年——政治科學是在非常美國的情境下發明的新字眼，將公共行政和憲法合併在一起而成。我們系上會覺得安排這樣的課程有困難，不過我不認為自己的提議完全失敗，而是認為所有學科不論怎樣構思，都應該提供至少一門關於自家歷史的真正優良的課程，使學生徹底認識那些大致界定他們學科的知識藩籬——這些藩籬究竟是如何產生，其發展過程又是如何反覆曲折。

當然，還有別的方法可以打破學科的藩籬。其一是在研究生的課綱中引進其他學科的傑出著作，甚至是所有標準學科以外的作品，尤其是外國人所寫的，

必要時可以強制要求。如此一來，學生不僅會學到一些不同的專業術語和新概念，而且將有機會從外人的角度和比較的方式，（全國性）審視自己的學科。第二種方法是嘗試開發一些課程，以吸引不同學科背景的學生，可能的話最好吸引不同國籍的學生。依照我的經驗，學生透過彼此討論和爭論所學習到的心得，往往並不亞於在教室聽教授講課所學到的知識。沒有什麼比民族自我中心（national egotism）加上學科的鼠目寸光（disciplinary myopia），更能阻礙學生創意思考。

那麼研究論文的讀者、風格和創意又如何？很顯然研究生的訓練始於寫論文給老師批改，在那之前，他們的寫作可能條理分明甚至文筆優雅，也可能拙劣粗糙和糊里糊塗，文章好壞有一部分要看學生的天分高低，但大部分是仰賴他們在高中和大學部念書時的所學。此時他們還未深入學科，再怎麼天真懵懂，寫作時往往是以普通人的身分書寫。任何人都能閱讀自己寫的文章，可是學科內部的研究生，尤其是已經深度培養專業精神的研究生，寫作風格會徹徹底底改變。隨著研究的推進，他們會發現關於自己未來讀者

群的一些關鍵資訊。師長會不斷對研究生耳提面命，要他們寫作時主要針對學科內的其他成員，包括同事、學科期刊編輯、潛在僱主，最後還要顧及自己的學生。他們寫的文章應該立刻透露自己屬於哪一門學科。

這種環境的影響力非常強，最明顯的就是使用（目前的）學科術語、大量引述本門學科前輩寫的作品，這麼做並不會啟發讀者，只是執行一種組織成員的儀式，服從某種貧乏的標準化語言。他們經常被告知，如果為了數量龐大、受一般教育的大眾寫文章，就難免會寫出簡單化、「大眾化」、欠缺技術複雜性的文章（換言之，太容易讀懂的文章），研究生也學到，只要有可能，他們最終寫成的書應該要交由大學出版，而不要由商業出版社發行，這樣才能確保在書籍出版之前寫書評的人，會是和他們自己一樣的圈內人，而不是無法預料的外人。因此他們在有意無意間受到鼓勵，採用遠比他們在高中或大學部時代更差勁的寫作風格。

更甚者，在絕大多數大學裡，科系的日常權力鼓勵成員把自己看得很了不起，以至於覺得每次寫到學

科（discipline）這個字時，都恨不得把字首寫成大寫 D——其實 discipline 這個字的歷史要追溯到中世紀的僧侶，他們認為肉體是靈魂的仇敵，所以刻意嚴酷的自我懲罰，希望藉此征服肉體。因此文章裡若有輕浮字眼和無關宏旨的題外話，將會招致圈內人的反感。我抵達康乃爾大學後不久就學到這個教訓，當時我的思想還像是大學生，早期寫論文時會在主文裡穿插笑話和諷刺，還在注釋裡放自己讀過的有趣軼聞和閒話，以及個人評語。我的老師們口吻友善的警告我別再這麼寫：「你現在不是在劍橋了，也不是在替學生雜誌寫專欄。學術是嚴肅的事業，軼聞和笑話沒什麼學術價值，也沒有人會對你的『個人意見』感興趣。」我真的很難接受這種建議，因為以前我讀的學校總是告訴我，寫作是最忌諱「平淡乏味」，要不計一切代價避免。後來我有時會輕浮的想：「現在我總算了解傳統中國的纏足是什麼感受了。」可是我最終還是逃脫那種規範，至少在獲得終身教職之後辦到了。《革命時期的爪哇》（*Java in a Time of Revolution*，由可敬的康乃爾大學出版社發行）這本書裡沒有笑話，很少題外話，僅有為數不多的「個人評

語」。然而在《想像的共同體》（由「商業性」的維索圖書出版）這本書裡，卻有滿滿的笑話、題外話和個人評語。

這兒有個明顯的重點：打破不必要的學科高牆，往往能改善學者的文采、減少枯燥乏味，也能開拓更廣大的潛在讀者群。這並不意味「低能化」（dumbing down）[23]，許多風格出眾的作者所寫的書雖然深奧，但讀起來總是讓人賞心悅目，包括約瑟夫・熊彼得（Joseph Schumpeter）、布洛克、丸山真男、霍布斯邦、露絲・班納迪克（Ruth Benedict）、狄奧多・阿多諾（Theodor Adorno）、路易斯・哈茲（Louis Hartz），以及其他許多作者。

好友加藤剛為本章的最後一頁添了如下評語：

「如果我們是小說家或學者，那麼我們是用語言來思考和表達自我。這兩者之間，小說家（或者說藝術家整體）通常比學者更會創新、更有創意，因為他們理應打破傳統的思維和表達。相對來說，學者往往在自己的世界裡變得自滿，被他們的學科術語環繞和保護著。術語可能同時是福氣也是詛咒，使用術語會加速學者之間的溝通，證明使用者的專業證書。然

而術語也可能變成牢獄，限制學者構思和表達想法。因此讀者和寫作風格的問題並不只是文章枯燥這麼簡單；它與創意、創新緊密相連。跨學科研究的重要性，必須放在這種情境下評估才對。」

---

23. 譯注：dumbing down，亦可解釋為「為求通俗而簡易化」。

Retirement and Liberation

# 六、退休與解放

一九八六年，美國聯邦政府通過法案，原則上禁止以老齡為理由強制人員退休。據此退休不再適用於終身職大學教授。我在一九九六年，也就是六十歲那一年心臟病突發，所幸康乃爾大學前幾年就已訂定「階段性退休」制度，於是我決定好好利用，一來是聽從醫生的建議，二來也是為了讓位給較年輕的學者，所以接下來的五年到完全退休之前，每一學年我只教半年課，不再指導新的研究生，同時辭去所有行政工作。如此一來，我就能開始半年待在康乃爾，半年去東南亞。當時我依然被禁止進入印尼，於是決定改去曼谷落腳，從那裡很容易前往東南亞各國的首都，距離台灣、日本、印度都不遠。利用這個辦法，夏季、秋季我依然能在康乃爾大學宏偉的圖書館努力工作，其餘時間就逃離綺色佳，躲過漫長晦暗的冬季和冰寒徹骨的春季。

有兩件妙事讓我看出很多人覺得我的事業快要畫下句點了。一九九八年，美國亞洲研究學會頒發年度「傑出終身成就」獎給我，有個朋友建議我在領獎致詞時，應該談談亞洲研究，也談談更一般性的區域研究。我在致詞時告訴聽眾，區域研究專家和其他學科

的學者有個差別，那就是我們對於自己研究的地方和人民懷有情緒依戀。接著我輕輕將自己收養的印尼青少年貝尼和郁迪推到我身旁，一起站在講台上向聽眾表明我的意思。大會上研究亞洲的學者們報以善意的掌聲，我幾乎喜極而泣。

二〇〇〇年我獲得年度福岡亞洲文化獎（Fukuoka Prize）的學術研究獎項，這個獎通常頒給即將退休或已退休人士。我的運氣不錯，那一年的大獎頒給印尼傑出作家普拉姆迪亞・阿南達・杜爾（Pramoedya Ananta Toer），過去他沒有經過審判，就遭到蘇哈托獨裁政權流放到布魯島（Buru），囚禁長達十二年。事實上，在蘇哈托實施獨裁的最後十年中，普拉姆迪亞年年都獲得提名角逐福岡亞洲文化獎，可是福岡市太畏懼日本外交部，而日本外交部又太畏懼蘇哈托，所以遲遲沒有給予這位印尼作家當之無愧的榮耀[24]。不過，感謝福岡的評審委員會給我們機會，我和普

---

24.　作者注：二〇〇〇年福岡亞洲文化獎委員會沒有提到過去多屆籌辦委員會的懦弱，這點雖然並不意外，卻令人沮喪。

拉姆迪亞在半祕密通信多年之後，終於能共聚一堂好幾天。

很多人覺得退休後的時間相當痛苦，至少一開始如此。少了固定的工作行程，不和同事、朋友經常聚會小酌，也不再經常去高爾夫球場打球，日子可能顯得非常漫長。不過教師和學者往往是這條通則的例外，如果不再教書，他們還能參加會議、演講、寫論文、寫評論，甚至還能寫書。很多教師也會和以前的研究生保持密切聯繫，師生感情是全世界共通的情誼。透過這種方式，退休的學術界人士可以繼續追蹤新趨勢、尋覓新的研究議題、找到值得推敲的新難題。事實上，他們比年輕的同事擁有更多可以思考的時間，因為那些同事忙於行政工作、委員會任務、教學、指導學生，有時候還得奉承掌控研究經費的政府官員。此外，如果願意的話，退休人士還能把自己從科系、制度的限制中解放出來，回頭重拾很久以前沒能完成的計畫。

自從二〇〇一年退休之後，我已經嘗試許多條路徑。少年時期我常常夢想成為小說家，不過很快就了解自己欠缺天分。可是當我開始進行後來名為《三

面旗幟下：無政府主義與反殖民想像》的計劃時，兒時的文學本能被喚醒了。我一直對無政府主義者懷抱強烈的政治同情，有一段時間還在康乃爾教大學部學生俄國作家巴枯寧（Bakunin）和克魯泡特金（Kropotkin）的作品。不過等到我明白菲律賓歷史中最吸引我的時期（十九世紀的最後二十年），恰好與馬克思去世到列寧崛起之間的時期完全吻合，也正是國際無政府主義的聲望和影響力最顛峰的時刻，這下子我開始看見一個將早期反殖民民族主義「全球化」的方法。

菲律賓的民族主義史學中有一個本土主義的轉折也頗令我感到窒息。一九六〇年代以前，菲律賓史學大致是走傳統路線，主要以西班牙或美國的檔案資料和其他文獻為基礎。到了一九六〇年代以後，史學界就開始批評這些資料和文獻立場偏頗，傾向殖民主義和帝國主義，他們提出該以「我們的資料」（譬如口述歷史）為本，另寫「本土主義」的歷史。這種朝內部看的史學大體排除世界其他地方，只留下殖民海外的西班牙和施行帝國主義的美國，他們主張應該譴責這兩個國家，尤其是美國。不過我逐漸發現自己找到

許多族群之間的血緣關係，包括第一代菲律賓民族主義者，巴西、法國、西班牙的無政府主義者，古巴的民族主義者，俄羅斯的虛無主義者（nihilists），日本的小說家和自由左派，法國和比利時的前衛作家與畫家⋯⋯。他們很多是靠電報聯繫的──電報是第一個可以將訊息在很短時間內傳遍全世界的通訊科技。

然後我想到撰寫研究材料的最佳方式，是利用十九世紀小說家的手法（可惜我沒有他們的天分）：迅速轉換場景、陰謀、巧合、書信，以及利用截然不同的語言型態（譬如混雜正式和非正式語言、標準口語和方言）。我向來很喜歡這些作家習慣為章節下思維縝密、充滿懸念或神祕的標題，所以下定決心，要完全以非學術的風格如法炮製。即使是《三面旗幟下》這本書的標題（令許多讀者一頭霧水），也是向我童年時期所閱讀書籍的一種致敬。英國的超級帝國主義者韓第（G. A. Henty）寫了極其冗長的十九世紀末男孩專書系列，讓羅瑞和我沉迷不已。韓第寫的這些小說，主角通常是英勇、有情操、對性不感興趣的英國男孩，探險活動帶他去全世界（算是丁丁[25]的祖宗吧，只是少了幽默）。我們最喜歡的是《兩面旗幟

下》（*Under Two Flags*）那一本，主人翁先後在一艘英國船和一艘法國船上當船艙小弟。

　　十九世紀的小說經常配有很多插圖，所以我也首度在小說式學術著作裡納入許多照片，包括令人仰慕的日本政治人物末廣鐵腸的一幀出色照片，相片裡他留鬍子、打領結，穿一身三件式西裝。末廣鐵腸在四國島長大，二十六歲時加入自由派都會報紙《東京曙新聞》，很快就晉升為總編輯。因為《東京曙新聞》攻擊明治政府鎮壓民主與自由言論，末廣鐵腸頓時聲名大噪，自然也被捕下獄。他在獄中寫了一本小說，很受年輕人歡迎。獲釋之後，末廣鐵腸開始研讀歐洲和美國的政治制度，並在前往舊金山的輪船上，結識菲律賓民族主義運動領袖兼小說家黎剎。在這趟橫越太平洋、美洲大陸和大西洋的旅程中，他們兩人結為朋友。

　　末廣鐵腸返回日本後，寫了一本長篇鉅作《南洋大波瀾》（*Remains of the Storm*）小說主人翁的祖先

---

25.　譯注：漫畫《丁丁歷險記》（*Tintin*）的主人翁。

是日本人，但在菲律賓居住了好一段時間——這顯然是影射黎剎的勇氣、智識和苦難。末廣鐵腸後來當選自由黨國會議員，進而成為國會議長[26]，可惜他年紀尚輕便因癌症過世，短短幾個月後，黎剎在馬尼拉被處死。

我重新找回的第二個少年時期的喜好，是對電影的熱愛。全職教授的壓力很大，很少有機會跟上當代電影的腳步，此外，綺色佳地處偏遠，這方面主要受到好萊塢揮之不去的荼毒。等到我進入半退休時期，格局恢弘的亞洲電影開始崛起，從伊朗到韓國、日本到馬來西亞和暹羅，水準一流的電影比比皆是，而位居中心的是台灣的電影三傑楊德昌、侯孝賢、蔡明亮。不過我最感興趣的莫過於年輕的泰國天才導演阿比查邦·韋拉斯塔古（Apichatpong Weerasethakul），他在三年內贏得兩座坎城影展大獎，得獎作品分別是《極樂森林》（*Blissfully Yours*）和《熱帶幻夢》（*Tropical Malady*）。《熱帶幻夢》分成前後兩半，前半段是一個年輕士兵和一個村莊少年的愛情，後半段描寫士兵和那個村莊少年化身的虎靈（tiger-shaman），在森林裡奇異相遇的故事。

諷刺的是，阿比查邦的電影在泰國始終被禁止在普通商業電影院播放，而他也持續和曼谷的低能電影審查官員對抗，無法解脫。所以我出於好玩的心理，寫了一篇關於《熱帶幻夢》這部電影的長文，文中特別著墨不同觀眾的反應（村民、曼谷那些傲慢無知的萬事通、學生、中產階級家庭、青少年等等）。事實證明鄉下人比城市的知識分子更懂這部電影的意涵。二〇〇六年七月，我以前的學生穆孔‧旺特絲（Mukhom Wongthes）把這篇文章翻譯成泰語，刊登在《藝術與文化》（*Silapa Wattanatham*）雜誌上，文章標題是「這頭野獸究竟是啥玩意？」（Sat Pralaat arai wa?）。三年後，這篇文章重新刊登在詹姆斯‧匡特（James Quandt）所編輯的文集《阿比查邦‧韋拉斯塔古》（*Apichatpong Weerasethakul*）中，題目是「奇怪野獸的奇怪故事：阿比查邦‧韋拉斯塔古的野獸在泰國得到的反應」（The Strange Story of

---

26. 譯注：根據日本參眾議院網站資訊，廣末鐵腸並未擔任議長，此處作者記憶或有誤。

a Strange Beast: Receptions in Thailand of Apichatpong Weerasethakul's Sat Pralaat）。後來我也默默加入對抗那些低能官員的行列，因此初識阿彼查邦就和他迅速成為密友（《想像的共同體》泰文譯本有個十分迷人但很不學術風格的封面，就是我這位新朋友設計的。）

二〇〇六年暹羅軍事政變發生後不久，阿比查邦就揚名了，剛巧有三位泰國女性知識分子、藝術家兼活動分子在此時開始嶄露頭角。伊達倫‧納阿瑜陀耶（Idaroong na Ayutthaya）長期從事激進運動，是很有力量的知識分子，她創辦並編輯《閱讀！》（Aan）雜誌，在我心目中，這是東南亞最好的公共知識分子（public intellectual）雜誌，水準遠遠超越其他同類期刊。伊達倫和梅依‧英嘉萬妮（May Ingawanij）是摯友，梅依可說是在倫敦長大的，目前任教於西敏寺學院（Westminster College），是很優秀的老師，她擅長書寫關於前衛電影的文章，堪稱全東南亞在這方面首屈一指的作者。穆孔‧旺特絲如今是泰國非常傑出而嚴厲的社會批評家。我想替《閱讀！》的讀者寫稿，可是我寫的泰文實在難登大雅之堂，所以

這三個朋友輪流翻譯我寫的英語文稿。最難的一篇文章是分析泰國導演阿諾查・蘇維查孔蓬（Anocha Suwichakornpong）令人驚嘆的前衛電影《看似平凡的故事》（*Mundane History*），片名頗為神秘。

在此同時我愕然發現一件事：泰國的學者和泰國電影、藝文界毫無聯繫，不論是智識上的或其他方面的聯繫都付之闕如。我覺得這種情況很奇怪，不過後來得知幾件有關的事，相當有趣。暹羅大部分頂尖學者都在名聲響亮的國立大學上班——換句話說，他們算是某種層級的官僚。這些學者頂著頭銜，大多是曼谷人，可以接觸到較高層的政治圈，自認是國家菁英分子。反觀電影界和藝文界人士往往來自地方省分，沒有高等學歷，憑藉自身的智慧和才華謀生。這就能解釋為什麼很少泰國學者看過阿比查邦的電影，只有在這位導演贏遍世界各地的獎項之後，才聽說他的名字。

我想到日本、韓國、台灣、菲律賓、馬來西亞、印尼恐怕也因為相同的理由，普遍出現相同的情況（歐洲某些地方和北美洲似乎也存在可類比的分隔現象，但卻是出於不同的理由；舉例來說，因為學

術和藝術越來越專業化，所以兩個圈子顯得互不搭軋），無論如何，這是我人生中第一次交上電影圈的好友——這都要歸功我有幸在合適的時間選擇合適的地點退休。這項經驗也幫助我透過倒鏡（reversed telescope）觀看大學的世界——以往幾乎完全塞滿我視野的大學世界，如今變得十分渺小、遙遠，而且無關緊要。

我退休後的第三個興趣，同樣是在年少的學生時期所扎下的根基。一九六二到六四年我住在雅加達時，最喜歡的例行活動之一，是每星期去逛一條擺滿二手書攤的長街，那是用低廉價格為個人累積有趣藏書的完美時機。印尼獨立之後，依然滯留當地的荷蘭人終於在一九五七年底被驅逐出境，他們很多人擁有大量藏書，但是這些書本太龐大、太沉重，無法帶回荷蘭，所以都被賣掉了。這些書籍大部分是荷蘭語，有一些非常珍貴，當時二十五歲以下的印尼人只有很少數還懂這個語言。一九六〇年代初期，印尼的通貨膨脹已經很嚴重，所以領固定薪水過日子的人只能靠貪汙或變賣財物才能生存，而舊書和雜誌也是變賣的對象。還有一種常見的情況是，老一輩書籍收藏家故

去之後，子孫對長輩的這項嗜好不感興趣，同樣也會賣掉繼承的藏書。

有一天我發現一本絕妙好書，名為《烈焰與灰燼中的印尼》（印尼語原文 *Indonesia dalem api dan bara*，英譯為 *Indonesia in Flames and Embers*），一九四七年出版，出版地點是荷蘭佔領下東爪哇的瑪琅市，作者用的筆名是詹布克・貝爾多艾里（Tjamboek Berdoeri），意思是「帶刺之鞭」。這本書以第一人稱的口吻，聰慧、詼諧、悲情的描寫作者本人的經歷，時間跨越老殖民政權的最後一年、日本殖民的三年半，以及武裝革命的頭兩年（一九四五到一九四七年）。時至今日，關於印尼那段動盪劇烈的時期，此書依然是寫得最好的一本，遙遙領先其餘作品。

我向朋友打聽時，發現只有一個人聽說過這本書，更別提閱讀了，這個人也不清楚「帶刺之鞭」的真正身分。我當天就對自己許下諾言，必定設法追查到「帶刺之鞭」的身分，可惜直到一九七二年遭到驅逐離開印尼，我都沒有時間也沒有人脈可以實現那個諾言。不過我並沒有忘記此事，一九六四年回到康乃爾大學時，我唯恐世界上再也找不到另一本《烈焰與

灰燼中的印尼》，便把那本書捐贈給學校圖書館的罕見圖書區（四十年後，我們的專家圖書管理員終於追蹤到另外兩本的下落，一本在澳洲坎培拉，另一本在荷蘭阿姆斯特丹）。等我在一九九九年終於獲准回到印尼，就下定決心重新尋找「帶刺之鞭」，並解開這個祕密：為什麼在一九四七年寫成的精彩好書，到了一九六三年竟然完全被人遺忘，而且始終沒有再版？

我得到友人爪哇工運分子阿里夫・杰蒂（Arief Djati）的協助，在追尋過多次錯誤的線索之後，終於發現「帶刺之鞭」就是知名華裔印尼新聞記者兼專欄作家郭添清（Kwee Thiam Tjing），他在荷蘭殖民政權的最後二十年是很成功的記者。我又多找了一些華裔印尼朋友幫忙，最後阿里夫和我終於在二〇〇四年促使《烈焰與灰燼中的印尼》再版，書裡的附註數量極為龐大，目的是幫助沒有殖民時期經驗的現代讀者了解當年的情況。

我們這些朋友在對話中習慣稱郭添清「歐爸」（Opa，意思是祖父）。歐爸出身東爪哇的華人家庭，家族史可以往上追溯許多世代，他誕生於一九〇〇年，在那個年代非常少華人子弟接受完整的荷蘭

語學校教育，郭添清就是其中之一，可惜他只念完高中，因為這片廣袤的殖民地連一所大學都沒有（郭添清晚年曾笑著回憶，自己經常和荷蘭同學、歐亞裔同學打架，所以是極少數有幸偶爾毆打白人男孩，卻沒有遭到處罰的「原住民」）。他在一家進出口公司上了一陣子班，可是很不開心，便離職改當新聞記者，結果一舉成功。郭添清輾轉為幾家報紙效力，直到日本人抵達，鎮壓整個新聞界，唯有軍政府自己贊助的極少數報紙例外。

在日本佔領印尼期間和之後，郭添清在日本人建立的鄰組（Tonarigumi）地方分組擔任組長。鄰組是一九四〇年由官方創辦的鄰里互助和全國動員團體，不過原型是創始於江戶時代的五人組，當時也是為了互助而成立，但是主要目的是為官方從事間諜任務（這一套互助團體制度至今在印尼語中依然存在，叫做 Rukun Tetangga，意思就是地方鄰里組）。郭添清盡力在自己的鄰里中保護荷蘭婦孺，因為當時荷蘭男子都遭到囚禁，也經常有人遭到殺害。

我們找不到郭添清在一九四七年以後的下落，直到一九六〇年他第一次出國，那次他偕女兒、女婿、

外孫前往馬來西亞的吉隆坡。一九七一年，郭添清返回印尼，開始替印尼報紙《偉大印尼報》（*Indonesia Raya*）撰寫連載自傳，這家報紙在一九七四年一月被蘇哈托下令禁止出刊。幾個月後，郭添清去世。阿里夫和我將這些連載故事編輯成冊，在二〇一〇年出版，名為《當一條帶刺之鞭》（*Mendjadi Tjamboek Berdoeri*），上市後相當成功。我們越深入研究就越明白，郭添清在一九四七年所寫的那本巨作消失的謎團，答案其實很容易理解。我們的結論是有兩個主要原因造成《烈焰與灰燼中的印尼》銷聲匿跡，實在太有意思，值得在此詳細說明。

第一個原因是《烈焰與灰燼中的印尼》是巧妙揉雜多種語言寫成的。這本書所使用的基本語言是印尼語，有些部分用的是東爪哇的華人爪哇語方言，還包含許多狡猾模仿殖民荷蘭語、福建漢語的片語，以及零星的英語甚至日語用詞。郭添清唯一沒有用過的語言是中國官話（Mandarin），他很驕傲自己無法閱讀漢字，覺得自己是印尼愛國者。一九二六年初他被捕入獄，理由是前一年在北蘇門答臘發生亞齊人叛變未遂事件，郭添清挺身為他們辯護。一九二六年底，

創黨不久的印尼共產黨發動一場沒有希望的叛亂，郭添清自己獲得釋放之際，目睹共產黨員被關進雅加達的吉皮南（Tjipinang）監獄。他因為政治理由被殖民政府監禁，時間比蘇卡諾早了好幾年。蘇卡諾在一九四五年成為印尼第一任總統。

郭添清在書裡使用這麼多種語言（使這本書幾乎無法翻譯），並不是信手拈來或隨意亂寫的。他轉換語言的原因，通常是為了諷刺，或是為了他在那些年所觀察的人們添一些對話的韻味。有時候他也會為了詩意或悲劇諷刺的目的而使用一些技巧。舉例來說，他在一處使用複雜的表達：「要嘛勞動，要嘛十盾」（of Romusha, of Tjaptun）。這幾個字混雜了荷蘭語的疊字 of，意思是二者取一（即英語的 either/or）、日語的 Romusha（日本佔領時期強制招募的勞務者）、福建話的 Tjaptun（意思是十個荷蘭盾[27]）。這是一句苦澀的諺語，直指「金錢是地獄最好的律師」。郭添清在其他地方敘述恐怖場景：革命分子凌

---

27. 譯注：荷蘭盾 guilder 是荷蘭的貨幣單位。

虐或殺害疑似替荷蘭人當間諜的印尼同胞。他陰森森的描寫施暴者毆打被害人頭部時，聽起來像是金屬梆子和吊鑼（kenong and kempul，爪哇甘美朗樂團使用的重要樂器）發出的聲音。

第二個原因是印尼共和國加入聯合國的後果，伴隨共和國為求創造值得國際認可的現代國家，所付出的努力。一方面，新國家很自豪，因為獲得民族認同與「世界地位」，成功強推壟斷版本（monopolistic version）的印尼，其實即便在民族革命時期，印尼都是呈現多種樣貌，端視當事人的社會背景或區域背景而定。現在國家對任何其他語言帶來的汙染，包括爪哇語在內，都感到不以為然。拼字系統也標準化了──先前殖民政權試圖強制採取這項作法，但是並不成功。因此郭添清令人歎為觀止的多種語言散文再也無法被接受。另一方面，國家的教育體系推銷一種一九五〇年以前的歷史版本，幾乎完全忽視華人少數民族的角色，堅持印尼人的英雄過往，至於荷蘭人都是惡魔。

郭添清的書，分明是出自愛國者的手筆，但作者也是耳聰目明的人文主義者，我們在書中發現優秀

的、白癡的、可憐的、噁心的荷蘭人，殘酷的、心腸軟的日本人，貪汙的、慷慨的華人，自私的印尼愛國主義者，還有以凌虐為樂的「革命分子」，一九四七年夏天荷蘭人攻擊瑪琅市前夕，這些革命分子凌虐並謀殺郭添清的一些親戚。在一九五〇年代和六〇年代的政治氛圍中，不論哪一個族群，都很少人想閱讀這種誠實的、令人不安的、複雜的書，所以這本書「被消失了」。後來蘇哈托政權強力鎮壓華人社群——關閉報社、鎮壓華人學校、禁止書寫漢語、不許華人參與政治——這種「被消失」的情況更是嚴重（在蘇哈托長達三十二年的獨裁統治下，沒有任何華人擔任部長職務，直到他下台前才有所改觀，另一方面，他一手培植十來個華人億萬富翁，但完全不給他們政治力量）。蘇哈托政權垮台之後，郭添清的巨作才得以重印，甚至在某種程度上得到讚許。

我現在希望做的是寫從來沒有嘗試過的文體：文學政治傳記，主要的基礎是郭添清所寫的自傳，還有我們找到他在一九二四年到一九四〇年間所寫的數百篇文章。這本書的主要焦點不會是郭添清的文學活動和政治活動，而是這兩者交織的關係。我試

圖重新想像那個時代的「殖民世界主義」（colonial cosmopolitanism），那是經由都市化、資本主義擴張、新通訊工具、教育（包括自學教育）迅速普及，所創造出來的巨大浪潮。郭添清大部分時間都待在泗水市，這是爪哇東岸規模很大的商業中心，住滿了爪哇人、馬都拉人（Madurese）、外島人民、荷蘭人、福建人、客家人、廣東人、猶太人、葉門人、日本人、德國人、印度人，居民信奉的宗教涵蓋伊斯蘭教、基督教、印度教、道教和佛教。他們需要互動時，會互相學習對方語言的隻字片語，閱讀其他族群的報紙，彼此的關係有時友善、有時帶有敵意。從很多方面來說，那都是一個激發跨文化、跨語言創意的完美環境。

二〇一二年，我的書《鄉間地獄的宿命：佛教泰國的苦行主義與慾望》（*The fate of rural hell: Asceticism and desire in Buddhist Thailand*）出版了，這原本是刊登在《閱讀！》雜誌上的一篇長文，後來交由印度作家納文‧基紹爾（Naveen Kishore）創辦的海鷗（Seagull）出版社在加爾各答發行，是一本英文小冊子。我一直想要從事業餘人類學研究，現在機

會終於來了。一九七〇年代初期，我第一次造訪曼谷以西兩小時車程外的一座龐大但非常奇怪的佛寺，此後又去了很多次。在寺廟裡面，住持建造了其他宗教的象徵，有伊斯蘭教（水泥駱駝），有日本道教和大乘佛教，有印度的印度教，甚至還隱約有基督教的象徵——不過高踞最上方的是暹羅的上座部佛教（Theravada Buddhism）。更奇怪的是，住持在廟的外面建造了一百多尊水泥雕像，都是人死之後因為生前犯罪而在地獄受刑的模樣，陳列的方式簡直像某種庭園藝術館，白天四周環繞著小販、觀光巴士和小吃攤。幾乎所有雕像都是全裸的——這是上座部佛教羞辱受刑者的手段（在寺廟裡通常被火辣的壁畫巧妙遮蔽了）。還有更奇怪的：住持的辦公室裡有兩個玻璃櫃，一個裝一具（泰國人的）骸骨，另一個裝文藝復興時期義大利雕刻家多那太羅（Donatello）的宏偉雕像「大衛」（David），不過這是複製品，而且雕像穿了一條略帶紅色的內褲，暴露出大衛頗為壯觀的陽具。每一座受刑的雕像上都有一張標籤，解釋該雕像人物代表犯了何種罪孽。我的朋友梅依和穆孔仔細做了一張表格，把所有雕像的說明都羅列出來，其中

最詭異的是一個村婦，她因為強迫丈夫煮米飯而受懲罰。另一方面，雕像中完全不見貪汙的僧侶、腐敗的警察、說謊的政客、殘暴的士兵、邪惡的資本家……。為什麼？無非是出於恐懼吧。

這位住持逝世之後，其他寺廟也開始模仿他的作風，無一例外都創造出迪士尼樂園似的小地獄，誰也沒被嚇倒，卻是真的賺了很多錢。老住持的雕像群在青少年和外國觀光客的心目中，默默轉變成色情意象。鄉間地獄要滅亡了嗎？寺廟裡出現偉大宗教的奇怪象徵，但地獄庭園中卻絲毫沒有基督教徒、穆斯林、印度教徒、道教徒遭到酷刑的雕像。我忽然想到，所有這些宗教都有自己的地獄，只留給自己人用：伊斯蘭教地獄沒有基督徒，印度教地獄沒有穆斯林，基督教地獄沒有印度教徒，餘此類推。那個古怪住持的建築是以某種方式認可，其他大宗教和自己的宗教各有責任懲罰那些死後的罪人──但是只懲罰自家人，不管其他宗教的閒事。上座部佛教只會處理自己信徒的罪惡。

二〇一四年，康乃爾大學東南亞學程很好意地出版我所寫的《暹羅研究四十載之探索與反諷》

（*Exploration and Irony in Studies of Siam over Forty Years*），我們當時的主任兼暹羅專家塔瑪拉・盧斯（Tamara Loos）替這本書寫了一篇極具洞察力的導言。同一年，我和兩位朋友合力翻譯一本十分稀奇好笑的書。一位是年輕的西班牙友人卡洛斯・薩丁尼亞・卡拉齊（Carlos Sardiña Galache），他是傑出的新聞記者，報導當前緬甸種族主義的恐怖情況，另一位是頂尖的菲律賓教授拉蒙・吉耶勒摩（Ramon Guillermo）。這本書以西班牙文書寫，由安維爾出版公司（Anvil Publishing）在馬尼拉發行，書名是《早期西班牙傳教士記載的菲律賓魔鬼》（*The Devil in the Philippines According to the Chronicles of the Early Spanish Missionaries*），一八八七年由二十三歲的新聞記者伊薩貝羅・德・洛斯・雷耶斯（Isabelo de los Reyes）所撰寫，此人也是菲律賓民俗研究的創始者。有一件往事值得在此重提，「民俗學」（folklore）這個字眼最初是在一八四六年由《學術殿堂》（*The Athenaeum*）雜誌所發想的，而全世界第一個學術性民俗學會則在一八七八年於英國創立，當時伊薩貝羅才十四歲。也許這個時髦的少年被這門新鮮的「科

學」所打動，一頭栽進呂宋島的很多地方進行田野調查。

伊薩貝羅很快就和歐洲的民俗學者互通信函，包括德國、葡萄牙、義大利和英國的學者，尤其是馬德里和塞維亞（Seville）的先進西班牙學者。他發現民俗科學是用來對抗天主教會的完美工具；從十六世紀晚期開始，菲律賓這個西班牙殖民地就一直受到天主教會控制。伊薩貝羅只需要做一件事：擷取天主教傳道會編年史家所寫的大量「官方」迷信，然後編入與異教想像相同的類別——僅僅視其為有趣的神話、奇蹟和傳奇——最後放在民俗學這個理性主義新科學的顯微鏡底下好好檢視。

他也足夠狡猾，給自己的原創文章下這樣的標題：《菲律賓的魔鬼》（*El Diablo en Filipinas*），暗示魔鬼是跟著最初的征服者來到伊薩貝羅的國家。他指出本地原住民所熟知的各種神靈都是本土出產的，從來都不是指天主教的撒旦惡魔。另一方面，拜教宗權力、羅馬與西班牙宗教法庭（Inquitisions，連同它們強盛的權力、龐大的官僚體系、複雜的階級、劊子手、遍布全世界的代理人）之賜，很容易就能明白一

件事：必須將撒旦想像成依樣畫葫蘆擁有自己的惡魔官僚，而且階級層次分明：邪惡的巨人、使壞的侏儒、誘惑的女妖、女巫、巫師、狡猾的薩滿等等。

難怪一八九〇年代菲律賓革命民族主義威脅到殖民政權時，伊薩貝羅會遭到逮捕，上了鐐銬用船載運到巴塞隆納，然後監禁在地勢險惡的蒙錐克監獄（Montjuich Prison）。那裡監禁數十個無政府主義者，獄方不時施以刑求，有時也會處決囚犯。伊薩貝羅和很多犯人成為好朋友，後來他終於獲釋返家，皮箱裡裝了巴枯寧（Bakunin）、克魯泡特金（Kropotkin）、馬拉泰斯塔（Malatesta）[28]，以及達爾文、馬克思的作品。

我這一生都因為翻譯的艱難與愉悅而感到興奮。埃卡·庫爾尼亞萬（Eka Kurniawan）的小說和短篇故事自成一格，超越我所認識的所有東南亞作家。他的作品被翻譯成日語、美式英語、法語，現在（二〇一五年）維索圖書又出版了英式英語譯本。當庫爾

---

28. 譯注：義大利無政府主義者兼革命社會主義分子。

尼亞萬知曉我深受他的敘事吸引，也很仰慕他在小說《人虎》（*Lelaki Harimau*）中「令人難以置信」的散文時，便問我願不願意協助拉博達里‧桑畢爾林（Labodalih Sembiring）翻譯這本書。達里是我們的共同友人，自己也寫小說，曾經在澳洲住過一段時間，英語程度很不錯。我花了四個月做這件事，過程中時時感到挫折，也經常捧腹大笑。我傻傻的以為自己已經完全掌握印尼語，但是這本書每一頁都有某些地方使我必須趕緊查閱最好的印尼語、爪哇語、巽他語字典（埃卡在爪哇和巽他兩種語言交界區的偏遠村莊出生和長大）。他的句子寫得多麼美麗、多麼詩意、多麼細緻啊！問題是如何忠實將作者的意思呈現給讀者。埃卡讀的第一本歐洲小說是挪威作家克努特‧漢姆生（Knut Hamsun）駭人的《飢餓》（*Hunger*），他也向哥倫比亞小說家加布列‧賈西亞‧馬奎斯（Gabriel García Márquez）學習技巧，不過最令他沒齒難忘的是童年時期深信不疑的鄉下傳統、一九六五到一九六六年那場反共黨分子大屠殺（當時埃卡還未出生），以及他兒童時期發生的野蠻都市化所帶來的後果。最大的問題是如何使用英語這

種都會型、自給自足的語言，去詮釋那麼遙遠、駭人
的事物，使它們呈現悲劇性，同時讓讀者能夠了解。

# 後記

　　如果讀者願意的話，任意翻閱二十來本重要學術著作的索引部分，很可能找不到任何關於「運氣」（luck）的條目。學術界人士費盡心力追索的是「社會力量」、「體制結構」、「意識形態」、「傳統」、「人口趨勢」之類的觀念。他們同樣關心「原因」和隨之而來的複雜「效應」。在這樣的智識架構底下，幾乎沒有機運存在的空間。

　　我偶爾會逗逗學生，問他們是否有朋友或親戚發生過意外車禍，回答有的學生，我會追問：「你真的認為是意外嗎？」他們的答案通常遵循一個套路：「對！假如祖母在店裡多待五分鐘和人聊天，就不會被機車騎士撞倒」；或是：「如果機車騎士提早五分鐘離開女友住處，如今祖母也還能在店裡跟人聊天。」我接著問他們：「那你們怎麼解釋主管機關能夠相當準確的預測，將有多少名美國人會在耶誕假期中死於意外事故？」假設實際死亡人數是五千好了，

主管機關會根據過去耶誕節的統計趨勢，預測今年死亡人數大概是四千五百人或五千五百人，但絕不是三十二人或一萬五千人。是什麼「原因」讓這些對「意外」的預測那麼準確呢？偶爾也有聰明的學生會以機率理論作答，或是「統計機率」。可是「機率」又怎麼能理解成「原因」呢？一百多年前，社會學家艾彌爾‧涂爾幹（Emile Durkheim）在研究最孤單的一種人類行為（自殺）時，就碰到相同的問題。

重點是我們在每天的思維中尚且無法擯除機會和意外，更別提運氣了。不過我們確實嘗試解釋厄運。因為這個或那個理由，為了這個人或那個人，所以我才碰上這個或那個厄運。然而我們無法解釋好運究竟如何介入自己的學術活動或日常生活。正因為如此，我在前文敘述本人身為學者和知識分子的生活時，極力強調自己始終好運不斷：我出生的時間和地點、我的父母和祖先、我的語言、我的就學經歷、我遷居美國、我在東南亞的經驗，這些都讓我感覺自己就是那個因為在商店裡和店員聊天，所以多待了五分鐘的老爺爺。

在此同時，如果我們什麼也不做，只是耐心在店

裡等候，機會並不會來敲門。機會降臨的形式，往往是出乎意料的良機，要夠勇敢、夠莽撞才抓得住轉瞬即逝的大好機會。我相信冒險精神對真正有生產力的學術生活至關重要。在印尼的時候，如果有人問你要去哪裡，但你不想告訴對方，或是還沒決定要去哪裡，那你就回答 *lagi tjari angin*，意思是「我在等風來」，彷彿你是一艘準備出港的帆船，等待起風將你吹到廣闊的海洋。這裡說的冒險並不是我小時候愛看的故事書裡那種冒險，學者對於自己在學科、學系或大學裡所佔的位置感到自在，他們不會嘗試駕船駛出港口，也不會等風來。值得珍惜的是隨時等待起風的準備心態，還有當風朝你吹過來時毅然乘風遠颺的勇氣。在此借用透納的朝聖隱喻：心理的旅程和身體的旅程一樣重要。吉姆有一次跟我說：「班（Ben），你是我的朋友和熟人當中，唯一會閱讀和自己領域不相干的書籍的人。」我覺得這是很棒的讚美。

學者（尤其是年輕學者）需要盡可能知曉正在改變的學術環境，這個環境提供極大的特權，卻同時限制他們，或讓他們動彈不得。八大工業國組織（G8）成員國的教授薪資都非常優渥，擁有充分的自由時間

和機會外出旅遊，而且經常透過報紙和電視接觸一般大眾。他們缺少的往往是親近國家統治者。美國確實出過一些知名度很高的政治學教授，例如季辛吉（Kissinger）、布里辛斯基（Brzezinsky）、桑默斯（Summers）、萊斯（Rice），然而這個領土廣袤的國家有一千四百多所大學，而首都並沒有一流的模範（first-class model）。至於貧窮國家或是中等富裕國家，教授的薪水雖然沒那麼高，但卻享有非凡的社會地位，也容易接觸媒體，尤其是在首都的大學任教的教授，他們能夠和國家的統治圈發展密切關係。在這兩類國家的環境中，原因或許不盡相同，但教授的未來都有高度保障。為了捍衛「學術自由」和確保專業精神的理由，教授的高薪和高度保障都是合理的。第一項（學術自由）確實是良好、經典的合理化主張，前提是教授能夠親身實踐──事實並不見得如此。第二項主張（專業精神）比較新近、比較模糊，因為必須倚賴資深教授設定資格，需要在學科內長期見習，而且專用術語讓有知識的外行人越來越難以掌握。更甚者，專業的自我保護行徑惡名昭彰，以專業精神為名的觀點可能鼓勵保守主義、因循守舊和怠惰。

專業精神和高等教育哲學與實務的改變也益形同步化。幾乎所有國家的積極干預都日益明顯，因為政策制定者企圖平衡兩端：一端是學生與教授的錄用、打磨（processing）、產出，另一端是「勞動市場」的「人力需求」，而且要審慎因應人口趨勢。越來越多的州努力想將研究經費綁定各州自己的政策議題（舉例來說，美國如今有非常多的錢流入「恐怖主義研究」和「伊斯蘭教研究」，其中很多錢將會浪費在平庸或刻板的研究上）。另外，直接或間接、良性或惡意的公司干預已經興起好一段時間了，即使在社會科學和人文學科也不例外。專業化還影響了大學部學生的教育，比較古老的看法是，十八歲到二十一歲的年輕人應該獲得廣博的、全面的智識文化，但是這種看法已經沒落，反而鼓勵學生把大學那幾年時間主要用來準備進入就業市場。這些過程很可能難以逆轉，甚至難以減速，於是大學及其成員的一項作為就更重要了，那就是完全感知自己的處境，並採取相應的批判立場。我覺得自己非常幸運，能在古老哲學依然盛行的時代成長，哪怕它很保守，也比較不切實際。《想像的共同體》就是以那種哲學為根基，當代大學

孕育出此類書籍的機會就小了很多。

　　一九五〇年代的美國有非常強的體制壓力，要求人們順從冷戰國家的偏見與意識形態，當時最勇敢、最好笑、最聰明的漫畫是沃爾特‧凱利（Walter Kelly）創作的《波哥》（*Pogo*，音譯）。漫畫的背景是佛羅里達州的沼澤，裡面的角色都是動物，包括危險政客、投機知識分子、不涉政治的無辜者、好心腸但滑稽的美國普通公民等等漫畫人物。主角波哥是一隻無害的小負鼠，也是唯一真正有思想的角色，凱利對這隻動物的評語極為可笑又精闢：「我們都認識敵人，那就是我們自己。」我認為當今學者最需要培養的，就是這種懷疑的、自我批判的立場。想要鄙視政治、官僚、公司高階主管、新聞記者、傳媒名流是挺容易的，不過想要在智識上從學術結構後退幾步卻困難多了，畢竟我們早就在學術結構中生根，也將它視為理所當然。

　　年輕學者未來必須認真思考民族主義與全球化交互作用的過程所帶來的後果，這兩者都有能力限制視野、簡化問題。在此我要說一說民族主義和歐洲獨特性質之間的關聯，作為本書的結語。

和世界其他地方相比，全盛時期的歐洲有兩個獨特且不可估量的智識優勢。第一個優勢是自我感知傳承了古希臘羅馬。羅馬帝國是唯一長期統治過當今歐洲大半地區的國家——只不過那個時期已經距今非常遙遠。然而羅馬帝國並非「歐洲」國家，因為它控制了整個地中海沿海地區、當今埃及與蘇丹的大片土地，以及中東的許多地方，此外它並未統治愛爾蘭、北歐或多數東北歐地區。更甚者，羅馬帝國長期以來是往地中海世界的許多地方找皇帝人選。按照這種奇葩政策，沒有任何歐洲國家或民族有機會獨霸繼承權，基督教的眾多教派也做不到。民族主義者沒辦法把歐洲納為私產，連義大利都不行。這和中國、日本大不相同，和印度也可能大異其趣，因為在古代它們都是民族化國家。日本群島的古代歷史雖然和中國大陸、朝鮮半島的關係密不可分，但是可以民族化為「日本歷史」。

　　更棒的是，古希臘羅馬無與倫比的哲學和文學產出中，有很大一部分直到現代早期依然存在，這都要感謝西方的僧侶抄寫員，以及拜占庭帝國治下那些說希臘語、信基督教的阿拉伯抄書吏。隨著時間的推

移，這些希臘羅馬作品翻譯成阿拉伯語，使摩洛哥和伊比利亞的穆斯林思想家得以吸收亞里斯多德的思維，並將其傳入「歐洲」。這項傳承提供「歐洲」知識分子接觸世界（希臘和羅馬）的機會，從深處看，基督教歐洲對這些內容非常陌生：多神宗教信仰、奴隸制度、哲學懷疑主義、與基督教義相反的性道德、以法律為基礎的人格形成概念……。要直接接觸這些世界，必須精通兩種語言，而出於不同原因，這兩種都很困難、很異類。古希臘語不僅有自己的拼字系統，還大舉從今日的中東、埃及借用當時的語言（雖然有一種希臘語存活到現代，但已經被拜占庭基督教和數百年的鄂圖曼土耳其統治深刻改變了）。最先進的古拉丁語在文法和句法上，困難程度和複雜程度都遠超過當今任何一種主要的歐洲語言。更棒的是，它已經逐漸「死亡」。換句話說，不論是古希臘語或古拉丁語，都不屬於歐洲的任何國家。

基於上述所有理由（以及我沒有提到的其他理由），古希臘羅馬為歐洲的智識生活和文學生活所帶來的差異和陌生感，一直延續到二十世紀中葉。和田野研究一樣，這種差異和陌生的意識培養出求知慾，

並促成自我相對化（self-relativization）。古希臘有城邦和民主，羅馬帝國比歐洲史上任何一個國家更龐大，其遺跡幾乎遍布全歐洲，不論你走到哪裡，都能看出羅馬帝國確實很偉大。古希臘羅馬的文學、醫學、建築、數學、地理學顯然都比中世紀歐洲的更為精緻，而這些全部出自基督教之前的文明，是比「彌賽亞時間」（messianic time）出現之前更早的產物。中國和日本都曾祭出「閉關」政策，嘗試阻絕外來的差異和陌生事物，反觀歐洲則高度推崇古希臘羅馬，自視為智識傳承者，伸出雙手接納。

當今學生可能會閱讀柏拉圖和亞里斯多德、索福克里斯（Sophocles）、荷馬（Homer）、西賽羅（Cicero）和塔西佗（Tacitus）的作品，這本身當然是好事，不過他們通常是閱讀翻譯本──也就是他們視為理所當然的日常民族語言，因此差異和陌生感就大打折扣了。埃及學生無法閱讀象形文字，阿拉伯學生不太可能閱讀他們基督徒祖先早年翻譯亞里斯多德的版本，沒有多少日本學生或中國學生能閱讀用古印度巴利語（Pali）寫的佛經。

歐洲還有另一個重要的智識優勢，原因是

它面積狹小，地理邊界和概念邊界（conceptual boundaries）不是付諸闕如，就是過於鬆散，歐洲許多中小型政體之間的軍事、經濟、文化競爭，都發生在咫尺之內的距離。尤其是現代初期以來，印刷資本主義和宗教改革開始發展，方言和宗教進一步分裂歐洲。另外，科技進步有助武器生產，各國敵對與衝突日深，回過頭來又促使各種領域的競爭益形激烈。戰爭、旅行、貿易、閱讀讓大小不一的政體時時保持接觸，通常也互有敵意（最重要的是，承平時期河流與港口對貿易往來大有裨益），這種情況的特性，正是英國對荷蘭的關係。當今大部分英國人並不知道，那本奇厚無比的《牛津英語詞典》（*Oxford English Dictionary*）裡，有好幾百個英文字被歸入「古荷蘭語」（Old Dutch），不過英國人很珍惜一些帶敵意的字眼，譬如「荷蘭勇氣」（Dutch courage，因醉酒而生出的勇氣）、「荷蘭式招待」（Dutch treat，邀請女子共進晚餐，然後堅持女方付一半飯錢）、「荷蘭人妻」（Dutch wives，為了舒適好眠所設計的紮實大抱枕）。另一方面，已經作古好幾世紀的拉丁文依然是歐洲知識分子保持聯繫的語言，尤其是印刷資

本主義一旦啟動之後。現代活版印書術在十五世紀中期發明，接下來的大約兩百年，以拉丁文印行的書籍遠超過其他方言的書籍，歐洲的知識分子普遍懂拉丁文。霍布斯和牛頓以拉丁文書寫和出版，因此影響力得以擴展至歐洲很大的區域。

敵意與衝突所產生的政治失序便內建了差異與陌生感。文藝復興時期重新發現古希臘羅馬，最終摧毀了教會對拉丁文的壟斷權。這種新情況為非神職的知識分子打開古代的大門，他們是不受教會教條約束的。然後這些發展又導致歐洲國家之間越來越激烈的競爭，他們企圖增進古代與其它方面的知識。在十七世紀末葉以前，有些法國知識分子開始宣稱自己的文明優越，但是沒有任何歐洲國家否認古代文明比本國的更優秀，他們相互競爭以學習更多古代知識，期許自己也能變得文明。不論在戰爭或承平時期，沒有任何國家自誇是文明的中心、宣揚歐洲版的「中原主義」（cinocentrism），沾沾自喜的宣稱自己是第一名。在文化（包括古代知識）、政治學、全球地理學、經濟學、科技、戰爭策略與戰術等領域中，國與國之間不斷發生創新、發明、模仿、借用的事情。

上面這一切都不存在於東亞，甚至不存在於南亞。東亞的中國和日本都建立了自己的地理和文化邊界，也經常動用激烈的閉關政策，企圖將「蠻邦」擋在國門之外，很少感覺有必要和其他國家在政治、經濟、科技、文化各方面一較長短。東南亞很可能和歐洲的情況最接近，東南亞國家的文化、語言、種族、宗教很分歧，而此地在歷史上並未出現全區域性的帝國（有的話必然經常造成政治動盪），後來又受到多個西方強權殖民統治，更放大了差異性。此外，東南亞透過貿易對外面的世界開放，這一點也和歐洲相似。

　　由於羅馬之後的歐洲從未經歷過穩定的單一共主，而是維持許多中小型國家之間，衝突、合作、商業與知識交流不斷的地域，變成語言民族主義和種族民族主義的合理誕生地，典型的方式是由底層人民對抗專制王朝政權而產生。歐洲民族主義雖然採納了美洲克里奧爾民族主義的關鍵理念，但卻深受十九世紀早期的浪漫主義（Romanticism）影響 —— 克里奧爾前輩對此完全陌生。浪漫主義極度吸引傑出詩人、小說家、劇作家、作曲家和畫家，對於企圖將

人民從專制王朝解放出來的大眾民族主義（popular nationalisms）運動，浪漫主義相當明瞭，也願意團結聲援對方（當然不是永久不變的）──後來這種團結心態表現在國際聯盟、聯合國和其他許多形式的體制上。

不過，在二十世紀的兩次世界大戰之後，許多年輕的民族主義通常和垂垂老矣的國家結合。如今民族主義成為國家與其附隨組織的強大工具，所謂附隨組織包括軍隊、媒體、學校與大學、宗教機構等等。我之所以強調工具，是因為國家存在的基本邏輯依然是確保自己的生存與權力，尤其是支配自己國民的權力[29]。因此當代民族主義很容易就受到壓迫與保守的力量宰制，它和先前的反王朝民族主義不同，對跨國團結不感興趣。讀者只要想一想由國家贊助的民族歷史迷思，心裡就有數了，那些國家包含中國、緬甸、南北韓、暹羅、日本、巴基斯坦、菲律賓、馬來西亞、印度、印尼、柬埔寨、孟加拉、越南、斯里蘭卡，全部都是亞洲的例子。國家想要達到的效果是不經慎重檢討、超級敏感的地方主義和狹隘心態，跡象通常是出現禁忌（不要寫這個！不要說那個！），以

及為了落實禁忌而動用審查。

有很長一段時間，不同形式的社會主義——無政府主義、列寧主義、新左派、社會民主主義——提供了一個「全球化」架構，讓這個架構底下的進步派、解放主義派民族主義得以欣欣向榮。自從「共產主義」垮台之後，留下了全球性真空，有些部分被女性主義、環保主義、新無政府主義和許多其他的「主義」填補，它們以不同的方式（不見得總是合作的方式），與新自由主義、虛偽「人權」干預主義的空洞貧瘠相對抗。然而想要填滿那處真空，還需要很多努力，也需要投入很漫長的時間。對此年輕學者能夠做出重大貢獻，他們的任務是探索能夠做些什麼，有了答案後又該如何去落實。

強權國家傾向斷定「人權」是普世、抽象、全球性的價值，可以任憑他們的喜好加以召喚。相較之

---

29.　作者注：此言並非否定當代民族主義依然擁有強大的解放與平等元素——舉例來說，現代社會的婦女、少數民族、同性戀者的地位獲得極大改善，若非民族主義拔刀助力，這樣的收穫是無法想像的。

下，國家就沒有那麼容易否定公民追求權利平等的民權運動，而民權運動確實成功拓展了政治權利和社會經濟權利，美國的黑人運動和婦女運動便是範例，哪怕耗費了很多年才真正帶來解放性的變革。在這方面，「國家」與「民族主義」依然大有可為。

　　從這個角度來看，也能看出「區域研究」的價值——前提是沒有遭到國家心急火燎的控制在手裡（印尼的叛亂分子喜歡稱呼國家「恐怖幽靈」），一旦碰到政治或經濟困頓，就趕緊抓起民族主義來搧風點火，挑起人民的危機感。日本年輕人學習緬甸語、泰國年輕人學習越南語、菲律賓年輕人學習韓語、印尼年輕人學習泰語，這些事實是個好兆頭，他們學習逃離半個椰殼，開始看見頭頂無垠的穹蒼。這一來就可能脫離自我中心或自戀心理，但是必須謹記在心的是，學習語言不僅是學習一種語言溝通的手段，也是學習那些說不同語言、寫不同文字的異族人民是如何思考、如何感受的。另外要學的，是對方的思想和情緒之下所潛藏的歷史與文化，如此才能學習擁有同理心。

　　一九五八年我抵達康乃爾時，必須匆忙學習使用

打字機，以四根手指頭敲出學期論文。為了把論文分給其他學生看，我們用一種綠色的明膠紙打字，如果有小錯誤可以拿白漆更正，然後再用簡單的油印機把改好的完稿印出來。做任何修改都是很緩慢、很痛苦的事，所以我們在打字之前必須仔細想清楚，往往先手寫草稿再打字。如今用電腦寫稿，須臾間就能做任何修改和文字移動。原來的痛苦得以減輕，固然可喜可賀，但是有一件事值得牢記，那就是牡蠣在痛苦煎熬下才長得出珍珠，一顆擁有筆記型電腦的快樂牡蠣，是長不出珍珠來的。我不確定當今研討會論文的風格是否比四十年前的論文更有進益。

當年圖書館依然是神聖的地方。你走進書「堆」裡，拍掉需要閱讀的舊書上面的灰塵，珍惜的玩賞書本封面，嗅一嗅裝幀的味道，對書中偶見奇怪、過時的拼字莞爾一笑。然後最棒的部分來了：你純粹出於好奇，隨手從架上抽出書來，結果找到了最出乎意料的東西。關於如何思考來源，如何評價、比較、揚棄、欣賞來源，我們都沒有正式受過訓練。機緣本來就存在於學習過程中，驚喜亦然。

如今圖書館正偏執的企圖把每一樣東西數位化，

也許是預期書本最終將過時而遭到淘汰。將來「網路」上什麼東西都找得到，隨機發現可能正在消失，運氣也一樣。谷歌（Google）公司說自家產品是絕佳「搜尋引擎」，它使用的「引擎」（engine）一詞並無諷刺之意，但在古英語中引擎意謂「權謀」（trickery，就像 engineer 當動詞時反映「策動」的意涵），甚至可以解釋為「刑具」（an engine of torture）。谷歌或信任它的學生都不明白，十九世紀末的書本拿在手裡是這種感覺，而二十世紀初的書本又是那種手感。日本書是這樣裝幀的，而緬甸書卻是那樣裝幀的。網路上每一樣東西都成為齊頭式平等的「條目」，沒有驚喜，沒有感情，沒有懷疑。學生對谷歌忠心耿耿，幾乎像對宗教一樣虔誠。對谷歌有何批判性評價？我們還沒開這門課。很多學生沒有概念，即使谷歌「使每樣東西輕鬆可得」，它仍然是按照程式一步步運作的。

「輕鬆接近一切事物」的效應之一，是我在谷歌誕生之前就已經注意到的一項趨勢更加速進行：再也沒有理由去記住任何事了，因為「任何事」都能用其他方法找回來。我當研究生的時候，喜歡引用詩句來

點綴學期論文，那些都是老師教了以後牢記在心的，不然就是不經意讀到之後深深愛上的。我沒有多想，碰到喜歡的詩歌就背起來，經常在洗澡時、搭公車時、坐飛機時，或是睡不著的時候朗誦給自己聽。用這種方式背下來的詩句深深刻畫在我的意識中，與其說是文義，不如說是頌詩的聲音、節奏、音韻讓我記憶深刻。對此我的同學感到驚奇和憐憫，「那有什麼意義？你只要查一下就知道了呀！」他們說的沒錯，但即使是谷歌也沒辦法給你純粹的「感覺」，譬如法國詩人韓波（Rimbaud）那令人目眩神迷的詩篇《醉舟》（*Le Bateau ivre*）帶給你的感受。

大概在二〇〇七年時，我去列寧格勒協助教導一個民族主義進階班，學生是來自俄羅斯各地方大學的年輕教師。我的口說俄語數十年未使用，已經差不多忘光了，只記得「早安」、「非常感謝您」、「我愛你」。不過為了展示些許團結心理，我開始朗誦蘇聯詩人弗拉基米爾·馬雅可夫斯基（Vladimir Mayakovsky）一首優美詩篇的最後一節。馬雅可夫斯基是激進分子，於史達林政權初期自殺身亡。我才開口，便驚訝的聽見所有學生立刻加入，與我一起

朗誦：

　永遠照耀，

　普照四方，

　直到末日盡頭！

　照耀──

　其他的都見鬼去吧！

　這是我的座右銘──

　也是太陽的！


　　朗誦結束時我潸然淚下，有些學生也哭了。他們仍然屬於口語文化的一部分，而谷歌正在幫忙終結這個部分。所幸至少還有一座寶庫尚未被染指──存放在住家閣樓或大衣箱裡不為人知的手寫書信，有時已經祕密珍藏了數十載甚至數世紀。

　　谷歌是一種不祥之物的象徵──哪怕並非出於本意：它象徵在全球各地操控一種降級形式（美國式）的英語。如今在美國本土，論文作者為了建立文獻基礎而閱讀的理論作品，常常都是以美式英語撰寫，而且都是在美國出版。假如論文有引用外國作

品，參考資料通常都是美國翻譯版本，而且有時候出版時間比日語、葡萄牙語、韓語、阿拉伯語等原文著作晚了二十年，彷彿這些作品只有在翻譯成美語之後才有價值。這種現象不盡然是美國人發明的，因為根源出在一八二〇年到一九二〇年之間，當時主宰世界的是英國。彼時英國仍然是歐洲的一部分，參考文獻納入用德語、法語、義大利語寫作的書籍，也依然是完全正常的做法。時至今日，越來越多學者覺得必須使用美語發表論文，這種做法本身也許無可厚非，只要不影響我們的自覺性，甚至可以視為自然的發展。然而它所產生的效果是不同國家裡有越來越多學者覺得，除非使用美語寫作，否則將不會得到國際認可。在此同時美國學者也變得更懶惰，不願學習任何外國語言，唯一例外是打算去國外進行田野調查的學者。由此我們看見已死的拉丁語和活跳跳的美語所呈現的天壤之別。流亡的捷克政治學家卡爾·多伊奇（Karl Deutsch）可能是對的：「權力就是不必聽別人的！」

這樣的「全球化」當然也遭到抵抗，而鬥爭中最強大的武器就是民族主義。許多國家成千上萬的優秀學者在政治上反對美國強權，他們原則上只以自己的

母語書寫，寫出來的作品純粹只給自己同胞閱讀，如果他們的語言有較多人懂（譬如西班牙語、俄語、葡萄牙語、法語、阿拉伯語或其他幾種語言），也會有少量跨國讀者閱讀。很多其他學者用母語書寫是基於非政治的理由：用母語可以表達得最貼切，或是太懶了，不想再精通另一種語言。不論是哪一個理由，都不算太大的過錯，而且很多成果都是好的。只不過這種做法確實有明顯的風險，那就是自己的作品無法得到優質外國讀者的欣賞，或是落入狹隘的民族主義。

民族主義和全球化的確傾向限制我們的視野，以及簡化事物。正因為如此，我們越來越需要一套細緻、認真的方法，將解放民族主義和國際主義的可能性混合在一起。本著華特・凱利和馬克思的精神，我想向年輕學者們提出以下呼籲：

「為解放而戰的青蛙們，唯有蹲坐在陰暗的
半個椰殼底下不動才會失敗。
全世界青蛙聯合起來！」

A LIFE BEYOND BOUNDARIES by BENEDICT ANDERSON

Copyright：© Benedict Anderson 2016

Originally published in Japanese by NTT Publishing Co., Ltd. 2009

First published in English by Verso 2016

This edition arranged with Verso ( the imprint of New Left Books )

through BIG APPLE AGENCY, INC. LABUAN, MALAYSIA.

Traditional Chinese edition copyright：

2024 China Times Publishing Company

ISBN：978-626-396-739-7

Printed in Taiwan